中国绿色信贷的产出
及福利效应研究

The Output and Welfare Effect of China's Green Credit

刘　丽　何凌云　著

中国财经出版传媒集团

经济科学出版社
Economic Science Press

图书在版编目（CIP）数据

中国绿色信贷的产出及福利效应研究／刘丽，何凌云著.
—北京：经济科学出版社，2021.9
ISBN 978 - 7 - 5218 - 2941 - 9

Ⅰ.①中⋯　Ⅱ.①刘⋯ ②何⋯　Ⅲ.①信贷管理 - 研究 -
中国　Ⅳ.①F832.4

中国版本图书馆 CIP 数据核字（2021）第 201377 号

责任编辑：凌　健　杜　鹏
责任校对：靳玉环
责任印制：邱　天

中国绿色信贷的产出及福利效应研究
刘　丽　何凌云　著
经济科学出版社出版、发行　新华书店经销
社址：北京市海淀区阜成路甲 28 号　邮编：100142
总编部电话：010 - 88191217　发行部电话：010 - 88191522
网址：www. esp. com. cn
电子邮箱：esp@ esp. com. cn
天猫网店：经济科学出版社旗舰店
网址：http：//jjkxcbs. tmall. com
固安华明印业有限公司印装
710 × 1000　16 开　13.5 印张　190000 字
2021 年 11 月第 1 版　2021 年 11 月第 1 次印刷
ISBN 978 - 7 - 5218 - 2941 - 9　定价：69.00 元
（图书出现印装问题，本社负责调换。电话：010 - 88191510）
（版权所有　侵权必究　打击盗版　举报热线：010 - 88191661
QQ：2242791300　营销中心电话：010 - 88191537
电子邮箱：dbts@ esp. com. cn）

本书受国家社会科学基金重大项目"贸易壁垒下突破性创新政策体系构建研究"（批准号：20&ZD109）、国家社会科学基金重大转重点项目"中国加工贸易绿色利益模型构建及对策研究"（批准号：19AZD003）、国家自然科学基金面上项目"基于需求系统分析视角的公共交通污染排放外部性研究"（批准号：71874070）、国家自然科学基金面上项目"基于居民健康福利视角的中国道路交通部门节能减排政策模拟及优化研究"（批准号：71573258）、暨南大学高层次人才引进专项科研配套经费（批准号：88016557）、中央级公益性科研院所基本科研业务费专项"环境政策对畜禽养殖污染的影响研究"（批准号：161005202110）联合资助。

前　言

从旧石器时代、农耕时代到工业时代，再到信息时代，人类社会飞速发展，物质资源越来越丰富，但是伴随而来的是地球资源日益枯竭、生态环境急剧恶化、气候变化和极端天气事件不断加剧，已经严重影响社会经济的发展和人类生活质量的提升，甚至直接威胁人类的生存环境。发展绿色经济、走可持续发展道路已经成为全球关注的焦点。为了促进我国绿色经济的快速发展，在党的十八届五中全会上，习近平总书记提出"创新、协调、绿色、开放、共享"的五大发展理念，将绿色发展定位于关乎我国发展全局的一个重要位置。金融作为现代经济的核心，掌握着巨大的经济资源，对于推动绿色发展、转变经济发展方式发挥着重要作用，为此，我国在《生态文明体制改革总体方案》中明确指出，要构建中国绿色金融体系，成为全球首个将"绿色金融体系"建设写入最高级别战略性文件的国家，并将构建绿色金融体系上升为国家战略。

绿色信贷作为绿色金融的重要组成部分，在引导和支持绿色产业发展、助力绿水青山成为金山银山的过程中发挥着不可替代的作用，受到政府部门和金融部门的高度重视。我国政府早在1995年便将环境因素纳入信贷管理体系，特别是2007年7月，在原国家环境保护总局、中国人民银行和原中国银监会的共同努力下发布了《关于落实环保政策法规防范信贷风险的意见》，由此，中国的绿色信贷项目开始正式启动。随后，绿色信贷政策频繁推出，绿色信贷规模也逐年增加，旨在通过对信贷数量和价格的调控引导信贷资金的流向，支持绿色产业的发展，抑制污染企业的污染排放行为。绿色信贷的推出不仅对产业结构调整、经济的绿色化发展产生直接影响，而且间接影响到生态环境、居民健康以及社会福利等，这也正是绿色信贷政策出台的重要出发点。

那么，我国不断完善的绿色信贷是否产生了显著的社会福利效应？在实现环境福利的同时是否影响了经济产出？即绿色信贷是否能够同时实现经济发展和环境效益的双重红利？不同类型绿色信贷的产出和福利效应是否存在差异？不同环境规制、经济结构和生产技术水平背景下绿色信贷的产出和福利效应表现如何？这是政策制定者最为关心的问题，也是社会各界广泛关注的问题，更是我国绿色信贷当前发展阶段亟待解决的问题。为优化我国绿色信贷提供理论指导、实证支持和政策参考，以促进我国经济的绿色化转型顺利完成，本书基于伯南克和布林德（Bernanke and Blinder，1988）构建的 CC-LM 模型，将环境维度纳入宏观经济分析中构建 CC-LM-EE 分析框架，从比较静态的视角对绿色信贷的产出和福利效应展开理论性的探讨；在此基础上，基于微观经济主体的行为构建绿色信贷产出和福利效应的动态随机一般均衡（dynamic sto-chastic genernal equilibrium，DSGE）模型，以激励性绿色信贷为例，对绿色信贷的产出和福利效应展开实证研究；并进一步定量测度了不同环境规制、经济结构和生产技术水平下绿色信贷的产出和福利效应，以期从理论和实证两个方面探讨绿色信贷对产出和福利的动态作用机制及其影响效果。本书具体分为 8 章内容，分别简述如下。

第 1 章论述了绿色信贷在我国可持续发展过程中的重要作用，并从经济学角度阐述了绿色信贷政策出台的重要意义，对比分析了绿色信贷与其他环境规制政策手段的作用机理；在此基础上提出本书的研究问题，并对绿色信贷、产出效应和福利效应进行概念界定。此外，还对全书的研究目标和意义、研究方法和技术路线进行了论述。

第 2 章首先梳理银行信贷与宏观经济及社会福利的相关研究，在此基础上就绿色信贷本身的相关研究展开梳理，绿色信贷作为一种环境经济政策，以往学者针对环境规制的相关研究对于绿色信贷研究的开展具有一定的借鉴意义，因此，进一步总结归纳了学者们对于环境规制效果的相关研究。其次，基于对前人文献的整理和归纳，对前人的研究展开相关评述，并在此基础上提出本书的拓展方向和研究视角。

第 3 章首先从国际上追溯了绿色信贷的起源，在此基础上从法律法规保障、激励政策引导、环境信息披露、绿色认证与评价等层面梳理国际绿色信贷的发展，进一步以美国、德国、日本和韩国为例分析国际绿色信贷的实践经验，以期对绿色信贷形成宏观认知，为后续对比分析国内外绿色信贷实施的不同，绿色信贷政策的理论和实证分析等提供基础和指导。

第 4 章首先阐述我国绿色信贷产生的现实背景和理论背景；其次从时间维度对我国绿色信贷政策制度进行了阶段性划分，并进一步剖析我国银行业开展绿色信贷的动力；最后总结我国绿色信贷发展的特征、障碍及机遇，全面认识我国绿色信贷的发展脉络及特征，为后续的理论和实证分析奠定基础。

第 5 章首先将环境因素纳入宏观经济系统中构建 CC-LM-EE 分析框架；其次运用该分析框架分析经济系统和环境系统实现同时均衡的条件，以及当宏观经济处于不同的环境状态下信贷政策的变动对经济及环境系统的影响，进一步分析环境规制变动情景下绿色信贷的产出和环境效应，同时，对绿色信贷产出和福利效应的形成机制展开探讨。研究发现，激励性绿色信贷能够促进经济增长，同时使得可持续净收益增大；而惩罚性绿色信贷使得产出水平下降，对可持续净收益的影响不确定。此外，考虑到微观主体行为在政策实施过程中发挥的重要作用，进一步运用灵活需求系统模型考察微观企业的融资行为，为后续动态随机一般模型中企业行为的刻画以及实证分析提供基础。

第 6 章从动态随机一般均衡模型的角度构建以微观经济理论为基础的绿色信贷产出效应和福利效应模型。在具体的模型构建中，引入企业异质性，将企业部门划分为绿色企业和非绿色企业，同时，引入环境税、投资调整成本、金融摩擦，构建包括家庭、资本品厂商、企业家、银行、最终品厂商、中间品厂商、政府和中央银行八大经济主体的 DSGE 模型。在环境税政策背景下，以激励性绿色信贷为例，从价格型和数量型两个层面定量测度绿色信贷影响经济产出和居民福利的内在传导机制及其影响效应。研究发现，价格型和数量型两类激励性绿色信贷均具有明显的产出效应，环境、健康和效用福利效应能够实现产出和环境的共赢，但是，在传导机制及对效用福利的影响上，两者存在一定的差异；同时，价格型和数量型两类激励性绿色信贷均有助于产业结构的绿色升级。

第 7 章定量测度经济环境不确定性下，绿色信贷产出和福利效应的变动情况。针对宏观经济所处的不同环境规制水平、不同经济结构、不同生产技术水平，基于构建的 DSGE 模型定量分析绿色信贷产出和福利效应的动态变化路径。研究发现，短期内，环境税规制抑制了绿色信贷的经济扩张效应，长期内，这种抑制作用逐渐消失，同时，环境税规制增强了绿色信贷的福利效应；不同经济结构下绿色信贷的政策效果存在差异，绿色类企业占比越高，绿色信贷的产出和福利效应越明显，而且产出的绿色化程度越高；绿色信贷增强了绿色类企业和非绿色类企业技术进步的产出扩张效应，降低了非绿色类企业对绿色企业的挤出效应，扩大了绿色企业对非绿色企业的挤出效应。

第 8 章为全书的结论和政策启示部分，对全书的基本内容和主要结论进行简要总结，并针对研究结论提出相应的政策建议。

本书将环境因素纳入宏观经济系统中构建的 CC-LM-EE 分析框架，为绿色信贷的理论分析提供了新的思路和方法，同时，将环境、健康和居民效用纳入社会福利范畴，丰富了绿色信贷福利效应分析的内容。此外，本书构建了引入企业异质性、投资调整成本和金融摩擦的 DSGE 模型，定量分析了不同类型绿色信贷影响经济产出和社会福利的内在逻辑结构和动态路径，并进一步定量测度了不同环境规制、经济结构和生产技术水平下绿色信贷产出和福利效应的变化情况，丰富了绿色信贷的相关研究，拓展了绿色信贷研究的边界。

　　由于笔者水平有限，本书难免存在不尽如人意的地方，敬请各位专家学者和业界同人不吝赐教、批评指正。

刘　丽　何凌云

2021 年 6 月

目　　录

第1章 绪 论

1.1 研究背景与意义

1.1.1 研究背景

21世纪以来,"可持续发展"的理念开始在经济、社会和环境等方面萌芽发展,并使得包含金融机构在内的微观企业在追求经济利益的同时自觉履行社会责任,从而使得相关利益者的利益不受损害。① 金融作为现代经济的核心,掌握着巨大的资金资源,金融的资源配置和经济杠杆功能在推动可持续发展中有着重要的作用。2002年10月,隶属于世界银行的国际金融公司和荷兰银行等9家银行召开相关会议讨论了在项目融资业务中所涉及的环境和社会问题,并于会后共同起草了一套针对项目融资中有关环境与社会风险的指南——赤道原则。在该准则的指导下,商业银行等金融机构要在事前综合评估申请融资的项目或企业可能会带来的环境及社会影响,同时要利用金融杠杆作用引导该项目向有利于环境保护及社会和谐的方向发展。目前,有遍布全球35个国家和地区的78个金融机构加入赤道原则,这些金融机构覆盖了全球新兴市场超过70%

---

① 郝云宏,唐茂林,王淑贤.企业社会责任的制度理性及行为逻辑:合法性视角 [J]. 商业经济与管理,2012(7):74-81.

的国际项目融资。① 此外，各国纷纷根据自身的国情出台相关的法律政策，实施适合自身国情的"赤道原则"。

2018 年 5 月，习近平总书记在全国生态环境保护大会上指出，我们要"像保护眼睛一样保护生态环境，像对待生命一样对待生态环境"。② 作为一个转型经济体，中国长期的粗放式经济增长模式带来了严重的环境污染问题，《2019 中国生态环境状况公报》显示，2019 年全国 337 个地级及以上城市中有 180 个城市环境空气质量超标，占比 53.4%。严峻的大气污染问题已经严重阻碍了经济发展，对人民的健康福祉产生了严重的、长期的负面影响，造成了巨大经济损失和社会成本，成为我国实现可持续发展、保障公共健康福利以及提升人民生活水平等目标的重大障碍。大气污染问题不仅对居民的身体健康产生严重的不可逆的影响，同时还通过一系列直接或间接的渠道对居民的心理健康产生潜移默化的影响。③党的十九大报告中指出"污染防治"是我国全面建成小康社会实现第一个一百年奋斗目标必须打好的"三大攻坚战"之一。与此同时，长期积累的结构性矛盾蕴含着较为严重的财政和金融风险。在这种情况下，发展绿色经济，走可持续发展道路已经成为中国必然的选择，相应地，为可持续发展提供资金支持的绿色金融也被赋予了更多的责任和使命。

2020 年 11 月，习近平总书记在全面推动长江经济带发展座谈会讲话中强调，要加快建立生态产品价值实现机制，让保护修复生态环境获得合理回报。④ 生态产品价值的实现需要一系列的转化过程，包括产业催化、产权催化等，这都离不开金融业的资金支持，即离不开绿色金融。金融运作主要通过间接融资为主的信贷市场和直接融资为主的证券市场两种渠道对绿色经济转型产生影响，长期以来，间接融资工具在我国的

---

① 胡珀，强晓捷. 基于赤道原则对我国金融机构环境与社会责任的反思 [J]. 江西财经大学学报，2016 (5)：33 - 42.

② 新华社，http：//www. gov. cn/xinwen/2018 - 05/19/content_5292116. htm。

③ Chen Y, Shen H, Smith K R, et al. Estimating Household Air Pollution Exposures and Health Impacts from Space Heating in Rural China [J]. Environment International, 2018, 119：117 - 124.

④ 新华社，http：//www. gov. cn/xinwen/2020 - 11/15/content_5561711. htm。

融资市场中占据了重要地位，银行贷款在社会融资规模结构中一直处于主导地位，如图 1-1 所示。在银行主导型的金融结构之下，企业资金主要来自商业银行贷款，因此，在较长时期内，我国绿色经济转型的资金支持方式大部分还必须依靠商业银行的贷款完成，绿色信贷对绿色经济或可持续发展的作用显而易见。

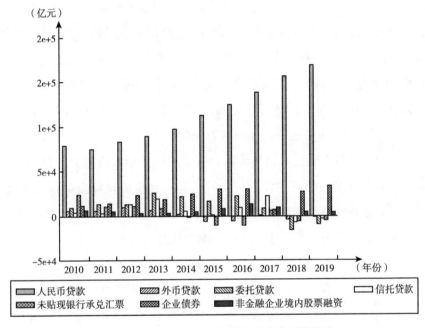

图 1-1　2010～2019 年中国社会融资规模构成

资料来源：国家统计局。

从经济学角度上讲，环境资源属于公共品，市场机制尤其是价格机制无法对其进行有效的配置，往往导致过度消费产生环境的负外部性。因此，仅仅依靠市场机制是无法有效解决经济发展过程中产生的环境问题，这必须依靠国家的制度干预，而不能由市场自身调节实现。我国的绿色信贷是由多部门联合对商业银行提出要求和实行直接行政监管，同时又利用经济金融手段在市场中鼓励商业银行发展可持续融资的过程。为了推动绿色信贷的执行，我国政府陆续出台了一系列的绿色信贷相关政策文件。早在 1995 年央行颁布了《关于贯彻信贷政策和加强环境保护工作有关问题的通知》，明确表示环境影响报告书（表）将作为金融机构发放项目贷款的必要条件之一，同时要求金融机构不得向环境保护部门不予批准的项目发放贷款。2007 年，我国绿色信贷项目正式启动，标志性的政策文件是在原国家环境保护总局、中国人民银行和原中国银监会的共同努力下出台的《关于落实环保政策法规防范信贷风险的意见》。随后，国内大部分地区的金融系统和环保部门也纷纷响应，出台有关绿色信贷的实施方案和具体细则。《中国绿色金融发展报告（2018）》数据显示，截至 2018 年末，我国 21 家主要银行业金融机构绿色信贷余额达到 9.66 万亿元，其中，投向绿色交通运输项目和可再生能源及清洁能源项目贷款余额分别为 3.83 万亿元和 2.07 万亿元，同比分别增长 18.1% 和 12.7%，合计占绿色贷款余额的 71.6%。

绿色信贷旨在通过对信贷价格和数量的调控影响微观企业的成本收益，从而引导相关经济主体进行自发选择，逐步实现资金的绿色配置，并尽可能地将环境外部性内部化。然而，绿色信贷可能会对污染排放量大、能耗高的产业发展产生一定的影响，从而影响经济的总产出，同时，高污染高能耗产业产出的变化会带来污染排放的变化，而污染排放又会对居民福利产生进一步的影响。那么，绿色信贷对产出和福利到底会产生怎样的影响，其影响效应有多大？不同类型的绿色信贷的产出和福利效应是否存在差异？在面对不确定性冲击时这种效应会发生怎样的变化？绿色信贷政策的动态效应是怎样的？有些政策的实施，可能在短期呈现一定的有效性，但是中长期可能达不到预期的效果。因此，对于政策措施的实施效果的研究至关重要。然而，梳理现有文献发现，目前研究很少对绿色信贷的实施效果进行评估，即使在少量的研究中，也忽略了对居民福利的评估。

除了绿色信贷，我国政府部门针对经济增长与环境质量下降以及由此引致的经济福利问题，出台了一系列的环境规制政策和措施，包括法律法规、行政命令、市场经济、技术标准等。根据作用方式的不同，可以分为直接作用于企业生产排污活动的环境规制（如"关停并转迁"、排污费等）和间接作用于企业生产排污活动的环境规制（如节能补贴、绿色债券等）；根据作用方向的不同，可以分为鼓励型的环境规制（如节能补贴、环保电价等）和惩罚型的环境规制（如排污费、环境税等）；根据控制的方式可以分为命令控制型（如限期治理、环境总量控制等）和市场调节型（如排污权交易、绿色信贷等），见表 1 - 1。不同的环境政策选择与执行所产生的经济成本、作用的内在机理、规制的主体及其对宏观经济的动态影响等也有所差异。长期以来，学者们对环境税、排污许可证、排放强度控制等由政府主导下直接作用于企业生产端的环境政策展开了丰富的研究（He and Zhang，2018；Wang et al.，2018；Tang et al.，2017；陈诗一，2011；汤铃等，2014），[1][2][3][4][5] 并得到很多有意义的结论，相比较而言，关于绿色信贷的相关研究较少（He et al.，2019；He and Liu，2018；宋鑫，2016；刘婧宇等，2015），[6][7][8][9] 但是仍然在陆续进行中，而几乎没有在给定相关的直接作用于企业污染排放的环境政策的前提下，对于绿色信贷的产出和福利效应的研究。在实际的经济活动中，环境税、排污许可证等政策是广泛存在的，忽略这些环境

---

① He P, Zhang B. Environmental Tax, Polluting Plants' Strategies and Effectiveness: Evidence from China [J]. Journal of Policy Analysis and Management, 2018, 37 (3): 493 – 520.

② Wang B, Liu L, Huang G H, et al. Effects of Carbon and Environmental Tax on Power Mix Planning-A Case Study of Hebei Province, China [J]. Energy, 2018, 143: 645 – 657.

③ Tang L, Shi J, Yu L, et al. Economic and Environmental Influences of Coal Resource Tax in China: A Dynamic Computable General Equilibrium Approach [J]. Resources, Conservation and Recycling, 2017, 117: 34 – 44.

④ 陈诗一. 边际减排成本与中国环境税改革 [J]. 中国社会科学, 2011 (3): 85 – 100.

⑤ 汤铃, 武佳倩, 戴伟, 等. 碳交易机制对中国经济与环境的影响 [J]. 系统工程学报, 2014, 29 (5): 701 – 712.

⑥ He L, Zhang L, Zhong Z, et al. Green Credit, Renewable Energy Investment and Green Economy Development: Empirical Analysis Based on 150 Listed Companies of China [J]. Journal of Cleaner Production, 2019, 208: 363 – 372.

⑦ He L Y, Liu L. Stand by or Follow? Responsibility Diffusion Effects and Green Credit [J]. Emerging Markets Finance and Trade, 2018, 54 (8): 1740 – 1761.

⑧ 宋鑫. 我国绿色信贷传导路径的一般均衡实证研究 [J]. 金融监管研究, 2016 (5): 87 – 97.

⑨ 刘婧宇, 夏炎, 林师模, 等. 基于金融CGE模型的中国绿色信贷政策短中长期影响分析 [J]. 中国管理科学, 2015, 23 (4): 46 – 52.

政策单独研究绿色信贷的产出效应会造成一定的偏误，而且从商业银行的视角出发，正是因为近年来国家对环境问题的高度重视和管控，才使得商业银行有动力去发放绿色信贷。同时，我国企业的环境保护意识普遍偏低，环境违法行为在一些地区或企业较为突出，而随着国家对环境保护的重视以及环境规制的日益完善，污染企业生产经营的环境风险增大，那么，发放给污染企业的贷款面临的信贷风险也会相应增大。如果银行等金融机构在信贷管理中依然不对贷款的环境风险进行评估和管理，那么，一旦给予贷款的污染企业因环境污染事件受到惩罚，商业银行所发放的贷款就会面临损失的风险，还会对商业银行在社会公众中的形象产生不良影响。在这样的背景下，本书将结合环境税规制来研究绿色信贷的产出和福利效应。

表1-1　　　　　　　　　　中国环境污染管控主要政策和措施

环境政策和措施类型	具体内容
命令控制型	"关停并转迁"，污染物排放总量控制，污染物排放浓度控制，限期治理制度，排污许可证制度，《大气污染防治行动计划》《国家环境保护标准"十三五"发展规划》《中华人民共和国环境保护法》《中华人民共和国大气污染防治法》等
市场调节型	排污费，排污权交易，节能产品补贴，生态补偿费，环保电价，新能源汽车补贴，绿色信贷，绿色债券、环境污染责任险等
直接作用型	限期治理制度、排污费、排污许可证、环境税、排放浓度控制等
间接作用型	节能产品补贴、环保电价、绿色信贷、绿色债券等
惩罚型	排污费、排污许可证、环境税等
激励型	新能源汽车补贴、绿色债券、环保电价等

资料来源：笔者整理。

综上所述，长期以来我国粗放的经济增长模式带来了严峻的环境污染问题，这一方面不利于我国经济的可持续发展；另一方面也对我国居民的健康状况产生了严重的不可逆影响。为了应对严峻的环境问题，我国政府陆续出台了一系列的环境规制政策和措施（如环境税、排污许可证、排放总量控制等），同时作为主要的融资形式，绿色信贷在实现可持续发展过程中具有重要作用，我国政府也陆续出台了一系列的政策文件保障绿色信贷的有效推行。但是，中国绿色信贷是否产生了显著的环境福利效应？在实现环境福利的同时是否影响了经济产出？不同类型绿色信贷的产出和福利效应是否存在显著差异？不同环境规制、经济结构和生产技术水平下绿色信贷的产出和福利效应又会发生怎样的变化？这是政策制定者最为关心的问题，也是社会各界广泛关注的问题。尤其是当前我国经济发展进入"新常态"，经济增长速度放缓，而环境污染状况日益严重，作为环境治理行政手段的有效补充，提高绿色信贷的效率和效果尤其重要，而只有对现行绿色信贷进行有效的评估，才能进一步探索改进和优化的路径。

1.1.2　研究意义

现阶段，我国环境保护与经济增长的双重压力日益突出，一方面环境问题凸显严重威胁居民健康和可持续发展；另一方面经济下行压力增大，增幅呈现放缓趋势，在这样的背景下发展绿色经济，走可持续发展道路成为我国经济转型关键时期的必然选择，党中央适时将"绿色"纳入我国的"五大发展理念"，同时提出"绿水青山就是金山银山"的科学论断，而金融作为现代经济的中枢，为推动环境保护、转变经济发展方式提供重要的资金支持。我国政府为推动绿色经济的发展推出了一系列以绿色信贷为主的绿色金融政策，这些政策的实施不仅会对经济产出产生影响，同时也会对社会福利产生一定的影响。因此，本书在借鉴前人相关研究成果的基础上，采用理论和实证相结合的方法对绿色信贷的产出和福利效应进行研究，旨在为优化我国绿色信贷提供理论指导、实证支持和政策参考，以促进我国经济的绿色化转型顺利完成，具体的理论和现实意义如下。

基于理论的视角，本书的研究意义主要归纳为以下三个方面。

一是，将环境因素引入宏观经济系统中构建了 CC-LM-EE 分析框架，并在此基础上从比较静态的视角分析了绿色信贷的产出和福利效应，为绿色信贷政策的理论研究提供了非常有价值的新的视角，同时，也对其他类似政策的评估提供一定的参考。虽然国内学者就绿色信贷的产出和环境效应开展了相关的研究，但大多数集中于国外经验借鉴、微观主体行为的分析，缺乏对绿色信贷产出和福利效应系统的理论分析，因此，本书构建的绿色信贷理论分析框架具有重要的理论意义。

二是，将企业异质性、投资调整成本、金融摩擦、价格粘性和垄断竞争纳入动态随机一般均衡模型，构建绿色信贷的动态效应模型，定性和定量刻画绿色信贷对宏观经济变量及社会福利的动态影响机制。以往的研究往往聚焦于绿色信贷政策的静态分析，缺乏对绿色信贷机制的动态刻画，在历史数据或经验信息基础上提出的相关政策建议可能会给经济社会和环境系统带来巨大的试错成本，同时，难以全面反映经济系统内外部因素变动的影响，面临卢卡斯批判，因此，本书运用动态随机一般均衡模型模拟绿色信贷对产出及福利的影响，丰富了绿色信贷的相关研究内容。

三是，将政府主导下的直接作用于企业生产污染行为的环境政策与间接作用于企业生产污染行为的绿色信贷政策放在同一框架下进行研究，能够更加全面科学地评估绿色信贷的产出和福利效应，从理论上揭示了不同环境政策影响环境质量、经济增长、社会福利的内在机理及传导机制。

基于实践的视角，本书的研究意义主要包括以下两个方面。

一是，绿色信贷产出和福利效应的研究对于厘清银行信贷以及环境质量、经济增长和社会福利的作用机制，促进经济可持续发展具有重要的现实意义。以往众多学者已经从信贷总量和期限上分析了银行信贷对经济增长的影响，合理的银行信贷安排能够促进经济增长，反之，不合理的信贷制度安排还有可能阻碍经济的增长。同理，银行信贷在影响经济增长的同时进一步对环境质量和社会福利产生影响，因此，在可持续发展背景下，探讨银行信贷对环境质量、社会福利的影响更具有现实意义。

二是，为绿色信贷政策的制定和宏观调控的改善提供理论和定量依据，我国的绿色信贷政策仍然处在发展初期，而且在实际经济运行中还有很多商业银行在信贷管理中未纳入对环境风险的评估和管理，绿色信贷政策还存在巨大的改进空间。从国际绿色信贷的实践经验来看，绿色信贷是商业银行面对环境危机和风险所作出的战略调整和应对环境风险所产生的一系列新的业务流程和管理系统，随着国家对环境问题的日益关注，商业银行面临的环境风险级别也越来越高，因此，对于绿色信贷的优化和改进，一方面需要商业银行等金融机构根据自身对风险和收益的衡量进行选择和优化；另一方面也需要监管机构通过对信贷数量和价格的调控来引导资金绿色配置。在经济绿色化转型背景下，对于不同类型绿色信贷产出和福利效应的研究，能够为政策制定者和金融机构优化绿色信贷提供重要的决策参考依据。

1.2　概念界定

1.2.1　绿色信贷

对于"绿色信贷"，无论是在学术界还是在产业界，目前都没有明确的定义。

从我国绿色信贷实践的角度，绿色信贷主要是指国家通过恰当的规制性政策和监管性措施，引导商业银行和政策性银行在发放贷款时对贷款项目进行环境评估，对有利于环境改善、资源节约的项目提供贷款支持或给予优惠性利率，使绿色企业获得更多的优惠资金支持得以更好地发展；对破坏生态、污染环境的项目实行贷款额度限制、惩罚性利率、收回贷款等信贷约束政策，在资金渠道上为污染企业设置障碍，促使企业自发地进行技术升级转向绿色发展或迫使其退出市场。

从宏观的国家政策层面出发，绿色信贷主要是指国家通过调控商业银行的信贷行为来达到环境保护目标的一项环境经济政策，属于国家宏观调控的范畴，通常称其为绿色信贷政策，其基本政策手段包括：强化商业银行的环境法律责任，央行、银保监会（原银监会）、生态环境部（原环保部）等部门对积极实施绿色信贷的银行进行奖励和资源支持，推出限制贷款行业名录，制定有利于环保产业的税收或者补贴政策等。

从微观的商业银行层面出发，绿色信贷是指商业银行依据国家相关的环境经济政策和产业政策，制定恰当的信贷规制和手段（包括贷款品种、期限、利率和额度），开发金融创新产品，以支持环保项目和企业的发展，减少对污染企业的信贷投放，引导资金或贷款流向有利于实现经济绿色转型的项目和企业，实现资金的"绿色配置"。

为了便于理论分析和实证模拟，更好地指导绿色信贷政策实践，本书从两个视角对绿色信贷进行了划分，首先按照绿色信贷作用方向的不同将其划分为激励性绿色信贷和惩罚性绿色信贷。激励性绿色信贷是指对环境友好型企业提供的信贷支持，目的是培育和支持资源节约型、环境友好型企业成长和发展；惩罚性绿色信贷是指对污染类企业实行的信贷约束，目的是防止其盲目投资和低水平重复建设，促使其主动进行节能减排。其次按照绿色信贷政策手段的不同将其划分为价格型绿色信贷和数量型绿色信贷。价格型绿色信贷是通过贷款利率手段来引导资金的绿色配置；而数量型绿色信贷是通过调控贷款额度来实现资金的绿色配置。

1.2.2　产出效应和福利效应

本书中的产出效应和福利效应主要是指面对绿色信贷政策冲击时经济产出和社会福利的变动情况。在现代西方宏观经济学中，均衡系统面对外生冲击时将偏离稳态，此时，系统内部各个变量也将会发生波动，绿色信贷冲击下系统会偏离信贷行为模型稳态，在实践中主要表现为宏观调控部门对不同产业或项目采取不同的信贷政策，相应地系统内部各变量对于这种信贷冲击会进行波动调整。

本书中的产出效应指经济增长效应。国内外学者对于经济增长展开了丰富的研究，而且根据不同的研究目标赋予经济增长不同的内涵。狭义上，经济增长主要是指一个国家社会总财富的增长，主要体现在总量和规模的增长，[①] 随着学者们对经济系统运行过程认识的提升，经济增长的内涵也逐渐丰富；广义上，经济增长不仅包含总量和规模的增加，还意味着经济系统内部结构的优化、运行效率的提高、人均财富的增长等。[②③] 在借鉴前人研究的基础上，结合数据的可得性及模型的可操作性，本书所指的经济增长主要是从狭义上定义的经济增长，是指投入各种生产要素后得到的生产性经济增长，即一个国家在一定时期内生产出的可供居民消费的各类商品和劳务的实际产量的增加，在模型的实际操作中主要以经济总产出的变动来表示。

本书中的福利效应主要从三个视角来分析：环境、健康和基于效用最大化的微观福利。从国家政策层面，绿色信贷旨在通过调控商业银行信贷行为来达到环境保护目标，那么，绿色信贷的实施必然会对环境产生一定的影响，而环境质量的变化又直接影响到居民的健康，同时，在环境政策的相关研究中很多学者陆续从居民健康的视角评估政策的效果（Mathieu-Bolh and Pautrel，2016；陈素梅，2016；杨升，2016；徐双明和钟茂初，2018），[④⑤⑥⑦] 绿色信贷作为一项环境经济政策，非常有必要将

① Smith A. An Inquiry Into the Nature and Causes of the Wealth of Nations [M]. T. Nelson and Sons，1887.
② 西蒙·库兹涅茨. 各国经济的增长 [M]. 常勋，等译. 北京：商务印书馆，1985.
③ 卫兴华，侯为民. 中国经济增长方式的选择与转换途径 [J]. 经济研究，2007（7）：15－22.
④ Mathieu-Bolh N，Pautrel X. Reassessing the Effects of Environmental Taxation when Pollution Affects Health over the Life-cycle [J]. Economic Modelling，2016，52：310－321.
⑤ 陈素梅. 中国燃油税"双重红利"研究 [D]. 北京：中国农业大学，2016.
⑥ 杨升. 我国道路交通环境税政策对居民健康影响研究 [D]. 北京：中国农业大学，2016.
⑦ 徐双明，钟茂初. 环境政策与经济绩效——基于污染的健康效应视角 [J]. 中国人口·资源与环境，2018，28（11）：130－139.

健康纳入绿色信贷福利分析的范畴，因此，我们将环境和居民健康均纳入绿色信贷的福利效应分析中。此外，以居民效用为代表的社会福利分析一直是学者和政策制定者关注的重点，因此，本书也将居民效用福利纳入绿色信贷福利效应的分析框架中。

1.3　研究目标和研究内容

1.3.1　研究目标

中国的经济发展已进入新时代，"创新、协调、绿色、开发、共享"成为新时期我国新的发展理念。当前我国经济面临下行压力，环境问题频频出现，金融作为现代经济的核心，必将在新时代新时期发挥更好的作用，因此，本书以绿色金融中的核心——绿色信贷为研究对象，分别从理论和实证的视角探讨绿色信贷对我国宏观经济各变量、环境、公共健康及效用福利产生影响的作用机制及动态机理。以期全面认识绿色信贷与经济可持续发展之间的关系，为政策制定者提供较为系统性的客观的定性和定量的参考。

具体来说，本书主要围绕以下目标来展开相关研究。

（1）追溯国际绿色信贷的起源、发展和实践，总结各国发展经验，在此基础上梳理我国绿色信贷的发展历程，剖析我国银行业开展绿色信贷的动力来源，总结我国绿色信贷发展的特征、障碍以及在新发展阶段面临的新机遇，对绿色信贷形成全面认知，为后续的理论和实证分析奠定基础。

（2）从理论上分别探究激励性绿色信贷和惩罚性绿色信贷对产出和福利的影响，并从定性意义上判断绿色信贷能否实现经济和环境的双赢，同时分析环境规制变动时绿色信贷产出和福利效应的变动情况，为后续的实证分析奠定理论基础。

（3）构建动态随机一般均衡分析框架，定量测度宏观系统在面对不同类型绿色信贷冲击时产出、环境、健康及居民效用福利的动态调整过程。

（4）定量分析在面对不同环境规制、经济结构和生产技术水平时，绿色信贷产出和福利效应的变动情况。

1.3.2　研究内容

根据以上研究目标，本书的具体研究内容安排如下。

第一，收集、梳理前人的研究成果。考虑到绿色信贷隶属于银行信贷的范畴，首先，梳理银行信贷与宏观经济及社会福利的相关研究；其次，就绿色信贷本身的相关研究展开梳理，绿色信贷作为一种环境经济政策，以往学者对于环境规制的相关研究对于绿色信贷研究的开展具有一定的借鉴意义，因此，进一步总结归纳了学者们对于环境规制效果的相关研究；最后，基于对前人文献的整理和归纳，对前人的研究展开相关评述，并在此基础上提出本书的研究问题和视角。

第二，梳理国际绿色信贷的起源、发展和实践。首先，追溯绿色信贷的起源，探究绿色信贷的本质；其次，基于可持续金融的发展，梳理国际绿色信贷在法律法规、激励政策、信息披露、绿色认证及评价等方面的发展与完善过程；最后，总结代表性国家的绿色信贷实践和经验，为我国绿色信贷展开理论和实证分析，以及后续的政策建议提供基础和指导。

第三，梳理中国绿色信贷的政策变迁，并对其发展特征和障碍进行分析。与国外商业银行自发的绿色信贷实践不同，中国的绿色信贷实践更多地依靠政府相关部门的监管，是自上而下的实践过程。首先，阐述绿色信贷产生的现实背景和理论背景；其次，从时间维度对我国绿色信贷政策制度进行了阶段性划分，总结我国绿色信贷发展的现状及其特点，剖析制约我国绿色信贷发展的主要障碍因素，进一步结合双碳目标分析新阶段我国绿色信贷面临的新机遇，为后续的理论和实证分析奠定基础。

第四，对绿色信贷的产出和福利效应展开理论分析。在 CC-LM 模型的基础上，将环境因素纳入宏观经济系统构建 CC-LM-EE 分析框架，分析经济系统和环境系统实现同时均衡的条件，以及当宏观经济处于不同环境状态下信贷政策的变动对经济及环境系统的影响，并分析环境规制变动情景下绿色信贷的产出和环境效应，同时，对绿色信贷产出和福利效应的形成机制展开探讨。此外，考虑到微观主体行为在政策实施过程中发挥的重要作用，进一步运用灵活需求系统模型考察微观企业的融资行为，为后续动态随机一般模型中企业行为的刻画以及实证分析提供基础。

第五，对绿色信贷产出和福利效应展开实证分析。从动态随机一般均衡模型（DSGE）的角度构建以微观经济理论为基础的绿色信贷产出效应和福利效应模型。在具体的 DSGE 模型构建中引入企业异质性，将企业部门划分为绿色企业和非绿色企业，同时，引入环境税、投资调整成本、金融摩擦，构建包括家庭、资本品厂商、企业家、银行、最终品厂商、中间品厂商、政府和中央银行八大经济主体的 DSGE 模型，在环境税政策背景下，以激励性绿色信贷为例，从价格型和数量型两个层面定量测度绿色信贷影响经济产出和居民福利的内在传导机制及其影响效应。

第六，定量测度经济环境不确定性下绿色信贷产出和福利效应的变动情况。针对宏观经济所处的不同环境规制水平、不同经济结构、不同生产技术水平，基于构建的 DSGE 模型定量分析绿色信贷产出和福利效应的动态变化路径。

1.4　研究方法与技术路线

1.4.1　研究方法

根据本书的研究内容，主要运用以下三类研究方法对绿色信贷的产出和福利效应展开相关的研究。

1.4.1.1　规范分析法

本书运用规范分析法对绿色信贷的相关概念进行了梳理归纳，针对国内外关于银行信贷与宏观经济，银行信贷与社会福利，绿色信贷以及环境规制效果评估的文献进行了详细的分类梳理，并分析了现有研究可能存在的有待完善的地方，基于此提出本书的研究问题并分析本书所开展的研究与前人研究的差异及特点，同时，梳理国际绿色信贷的起源、发展和实践，总结我国绿色信贷政策的变迁及发展，为下面的理论和实证分析奠定基础。

1.4.1.2　比较分析法

比较分析法主要是用来分析事物间相同和差异的分析工具，主要是把不同的事物或相同的事物放在一起进行对比分析。本书将绿色信贷分为激励性和惩罚性两类，在 CC-LM-EE 分析框架下静态分析这两类绿色信贷的产出和福利效应，此外根据绿色信贷的实际操作规则，将其分为价格型绿色信贷和数量型绿色信贷，基于 DSGE 模型定量测度了这两类绿色信贷产出和福利效应的动态效应，同时，还比较分析了不同环境规制、不同经济结构、不同生产技术水平条件下绿色信贷产出和福利效应的动态变化机制。

1.4.1.3　定量分析

一是，二次近乎完美需求系统模型（the quadratic ideal demand system，QUAIDS）。由班克斯等（Banks et al.，1997）[1] 建立的 QUAIDS 被广泛地运用在需求分析领域，QUAIDS 模型具有多方面的优点：满足选择公理，

---

① Banks J, Blundell R, Lewbel A. Quadratic Engel Curves and Consumer Demand [J]. Review of Economics and Statistics, 1997, 79 (4)：527 – 539.

允许单个消费者需求加总为与典型消费者行为一致的市场需求，没有施加加总偏好，因此，其既适用于微观家庭数据，也可用于汇总数据（郑志浩等，2016）。[①] 本书运用 QUAIDS 模型对我国企业的融资需求进行分析，分析了我国企业对不同债权融资的需求弹性，为后续理论模型的构建提供坚实的微观基础。

二是，动态随机一般均衡模型。本书引入企业异质性、投资调整成本、金融摩擦构建新凯恩斯动态随机一般均衡模型，分析在环境税政策背景下，不同类型的绿色信贷对宏观经济各变量、环境、健康及居民效用福利的动态影响路径。与其他模型相比较，DSGE 模型具有动态、随机、一般均衡三个方面的优势，使得 DSGE 模型能够更好地描述真实世界，被宏观经济学界和政府决策部门所采纳，成为目前分析宏观经济的主流工具。

三是，箱式模型和暴露—反应函数方法。本书在 DSGE 模型中引入公共健康模块，分析绿色信贷对居民健康的动态影响路径。将箱式模型和暴露—反应函数嵌入 DSGE 模型中，用来测度污染物浓度和各类健康终端物理量损失的变动情况。

1.4.2　技术路线

本书在梳理中国经济运行情况和国内外文献研究的基础上提出本书的研究问题，同时，对中国绿色信贷政策的变迁及发展特征和障碍进行分析，主要从时间维度对中国绿色信贷的相关政策进行阶段性划分，总结归纳中国绿色信贷发展的特征及现状，在此基础上，构建理论模型展开对绿色信贷产出和福利效应的理论分析。这部分主要是解决两个问题：第一，绿色信贷是否存在产出和福利效应？第二，绿色信贷产出和福利效应是如何产生的？在此基础上，构建具有微观基础的动态随机一般均衡分析框架，

---

① 郑志浩，高颖，赵殷钰. 收入增长对城镇居民食物消费模式的影响 ［J］. 经济学（季刊），2016，15（1）：263 - 288.

并运用构建的分析框架实证分析不同绿色信贷的产出和福利效应，进一步运用该分析框架定量测度在不同环境规制、经济结构和生产技术水平下绿色信贷产出和福利效应的变动情况，在上述理论和实证分析的基础上总结结论并提出政策启示。整个技术路线如图 1－2 所示。

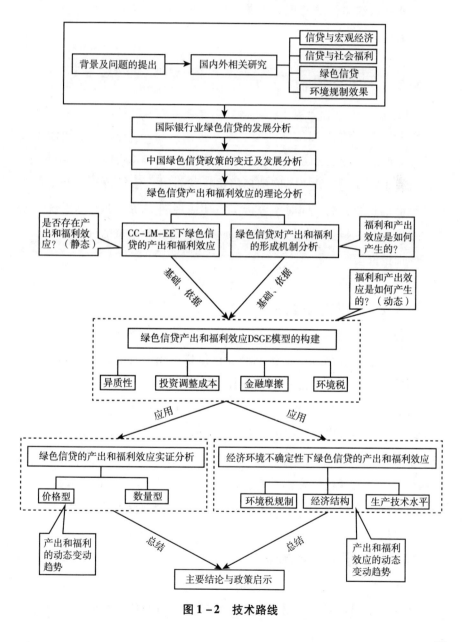

图 1－2　技术路线

1.5　研究特色

对比现有绿色信贷的相关研究，本书主要在以下三个方面做了一些探索性的创新研究。

1.5.1　理论层面

在 CC-LM 信贷产出均衡模型的基础上引入环境均衡 EE，构建了关于信贷、产出和环境三方关系的理论分析框架——CC-LM-EE 分析框架，定性研究了宏观经济处于不同的环境系统状态时，信贷政策的变动对产出和环境福利的影响，同时，分析了当环境规制变动（即环境系统均衡 EE 曲线）时，绿色信贷的产出和福利效应，为绿色信贷的分析提供了一个新的理论框架。

1.5.2　研究方法层面

构建了包含环境和健康福利的绿色信贷产出与福利效应的 DSGE 综合评估框架，本书在基准的新凯恩斯 DSGE 模型的基础上，从环境、健康和居民效用三个层面引入社会福利分析，综合运用经济学、病理学、健康统计学多领域研究成果，构建了绿色信贷产出与福利效应的综合评估框架，并进一步运用构建的分析框架定量测度了不同绿色信贷的产出和福利效应，为绿色信贷福利效应的评估提供了新的视角，同时，也为绿色信贷的研究提供了一个非常有价值的方法论和分析框架。

1.5.3　研究视角层面

将政府主导下直接作用于企业生产排放行为的环境税政策与绿色信

贷政策放在统一的 DSGE 模型框架下，定量测度了绿色信贷的产出和福利效应。2018 年 1 月 1 日起，我国正式实施环境保护税法，在经济活动中向环境中排放污染物的经济主体将被按照一定的税率征收环境税，在这样的制度背景下，将环境税政策纳入 DSGE 模型，能够更加全面客观地定量测度绿色信贷的产出和福利效应。同时，本书基于构建的 DSGE 模型定量测度了不同环境规制、经济结构、生产技术水平下，绿色信贷产出和福利效应的动态变动趋势，丰富了绿色信贷的相关研究。

第 2 章 文献综述

金融作为现代经济的中枢，在促进经济增长、提高社会福利方面扮演着重要角色。银行信贷作为金融系统的重要组成部分，在宏观经济系统运行中起到什么作用？银行信贷的变动对于社会福利产生了哪些变化？国内外学者分别从哪些方面衡量银行信贷的福利效应？绿色信贷作为一项环境经济政策国内外学者都展开了哪些方面的研究？国内外学者对于其他环境规制都是从哪些方面进行评估的？特别是近年来，我国不断加剧的环境问题严重影响经济发展和社会福利，而绿色信贷政策作为一种新型的环境经济手段引起了国内外学者、政府部门、公众的广泛关注。

因此，本章首先梳理国内外学者对于银行信贷与宏观经济的相关研究，明确银行信贷对于宏观经济运行影响的渠道，同时对银行信贷的福利效应展开综述，主要梳理国内外学者从哪些层面来衡量银行信贷的福利效应；其次，就绿色信贷的相关研究进展进行梳理，梳理国内外学者关注绿色信贷研究的视角，此外，梳理环境规制效果评估的相关研究，为评估绿色信贷找寻新的思路和方法，绿色信贷作为一种环境经济手段，对其效果的评估要遵循环境规制效果评估的框架；最后，我们在对已有研究进行总结归纳的基础上，得到绿色信贷研究领域的拓展方向及其研究视角。

2.1 银行信贷与宏观经济的研究

银行信贷与宏观经济的关系一直以来是学术界关注的焦点问题。绿色信贷作为银行信贷的一种特殊形式，深入细致地了解银行信贷与宏观经济之间的关系、银行信贷的传导渠道及机制，有利于理解绿色信贷对宏观经济产生影响的机制和机理，为后续的理论和实证分析提供理论基础。

2.1.1　银行信贷对宏观经济影响的存在性研究

根据不同的研究视角，不同的宏观经济学流派对于影响经济总量波动和传导机制的主要因素提出了自己的见解。真实经济周期学派认为，生产技术水平和政府购买等实际变量是影响经济增长的重要因素，同时消费的跨期选择以及工作和闲暇的替代构成了基本的传导机制。在此基础上，新凯恩斯学派引入市场的不完全竞争和粘性价格构建新的分析框架，同时强调货币政策在经济波动中的作用。但是金融对于经济系统运行的重要作用一直被这两大宏观经济分析流派所忽视，而金融因素最早是被巴杰特（Bagehot，1873）关注，并希望在经济系统运行模型的相关分析中考察金融因素的影响，基于此试图构建内生经济周期理论，[①] 金融在经济中的重要作用才陆续引起众多研究者的关注，而银行信贷作为金融中的重要组成部分，也逐渐引起学者们的关注。

自此之后，银行信贷与宏观经济系统之间的复杂关系一直是理论和实务界关注的焦点。国内外学者主要从银行信贷与消费、劳动力、投资、总产出等经济变量之间的关系来论证和探讨银行信贷与宏观经济之间的关系。萨法伊和卡梅伦（Safaei and Cameron，2003）运用结构向量自回归模型基于加拿大的调查数据对银行信贷与经济产出之间的关系展开了相关研究，研究结果显示，银行向消费者发放的贷款在短期内能够影响实际产出。[②]

[①] Bagehot W. Lombard Street: A Description of the Money Market [M]. London: HS King, 1873.

[②] Safaei J, Cameron N E. Credit Channel and Credit Shocks in Canadian Macrodynamics – a Structural VAR approach [J]. Applied Financial Economics, 2003, 13 (4): 267 – 277.

佩里和夸德里尼（Perri and Quadrini，2018）构建了一个理论模型来探究银行信贷与经济运行之间的关系，研究发现，当经济繁荣时，增强了借款人的借贷能力，直接影响企业的投资行为，进而带来更高的就业和生产水平，而经济危机时期削弱了借款人的借贷能力，最终将导致实际经济活动的收缩。[1] 我国学者高铁梅和王金明（2001）运用状态空间方法构建了变参数模型，定量测算了我国20世纪90年代以来，货币政策对经济系统运行的动态影响，同时从利率、银行信贷和股票市场渠道三个层面测算了货币政策对投资需求的影响，结果显示，投资需求的贷款弹性最大，处于 0.44 ~ 0.40 之间。[2] 许伟和陈斌开（2009）将银行部门引入新凯恩斯动态随机一般均衡模型中，基于我国1993 ~ 2005 年的季度数据定量分析了银行信贷与经济波动之间的关系，结果显示，银行信贷对短期消费及货币余额具有重要的影响，同时也对经济产出和投资产生一定的影响。[3] 姚伟（2019）基于省级数据实证分析了银行信贷与人均 GDP 之间的关系，结果显示，银行信贷能够对人均 GDP 产生显著的正向影响，进一步验证了银行信贷对消费支出的正向作用。[4]

此外，还有学者从信贷结构入手，分析银行信贷与宏观经济的关系，刘澜（2006）从所有权性质出发，将银行信贷划分为国有经济部门贷款和非国有企业部门贷款，运用格兰杰因果检验和向量自回归模型实证分析了不同所有权性质的银行信贷对宏观经济的影响，结果显示，国有经济部门贷款对经济增长的影响大于非国有经济部门对经济增长的影响。[5] 邹庆华（2010）从信贷的期间结构入手，运用向量自回归模型和脉冲响应

---

① Perri F, Quadrini V. International Recessions [J]. American Economic Review, 2018, 108 (4 - 5): 935 - 984.

② 高铁梅, 王金明. 我国货币政策传导机制的动态分析 [J]. 金融研究, 2001 (3): 50 - 58.

③ 许伟, 陈斌开. 银行信贷与中国经济波动: 1993 - 2005 [J]. 经济学（季刊）, 2009, 8 (3): 969 - 994.

④ 姚伟. 商业银行服务实体经济发展——实践、证据与对策 [J]. 上海金融, 2019 (2): 80 - 84.

⑤ 刘澜. 中国银行信贷与经济增长关系的 VAR 效应分析 [D]. 厦门: 厦门大学, 2006.

应对不同期限贷款与宏观经济的关系展开相关研究，结果显示，中长期贷款对 GDP 能够产生持久持续的正向影响，短期贷款在短期内能够对 GDP 产生影响，但是其影响的波动性较大，票据融资在短期内对 GDP 产生负向的作用。① 李炳和袁威（2015）运用机理变化型变结构协整模型分析了 1996 年 1 月至 2013 年 5 月货币信贷结构对中国宏观经济的影响，研究结果显示，货币结构与信贷期限结构对实际产出分别具有较弱的正向和负向机理性影响，对通货膨胀率均具有一定程度的正向机理性影响，而且货币信贷结构对通货膨胀率的影响程度明显大于货币信贷总量的影响程度。② 马基杜和尼古拉都（Markidou and Nikolaidou, 2008）采用 SVAR 模型以希腊货币政策为例，评估了银行信贷对不同宏观经济冲击的响应，结果显示，相较于企业来说，个人更容易受到银行的信贷约束，同时，发放给企业部门的贷款对宏观经济产生的影响要大于个人贷款对经济的影响。③ 萨西和加斯米（Sassi and Gasmi, 2014）运用 OLS、IV 回归以及 GMM 动态面板数据模型，以 1995~2012 年期间 27 个欧洲国家为样本，对信贷市场与经济增长之间的关系展开了研究，结果显示，企业信贷市场对经济增长产生积极影响，而家庭信贷市场对经济增长则会产生负面影响。④

在验证了银行信贷对宏观经济产生作用的基础上，许多学者进一步探讨了银行信贷传导渠道。国内外学者主要从两个视角研究银行信贷的传导渠道：银行信贷渠道和金融加速器渠道。

---

① 邹庆华. 信贷增长与经济增长的实证分析——以湖南为例 [J]. 区域金融研究，2010 (8)：62-65.

② 李炳，袁威. 货币信贷结构对宏观经济的机理性影响——兼对"中国货币迷失之谜"的再解释 [J]. 金融研究，2015 (11)：33-46.

③ Markidou A, Nikolaidou E. The Reaction of Bank Lending to Macroeconomic Fluctuations of Monetary Policy Transmission in Greece [J]. European Journal of Economics, Finance and Administrative ences, 2008 (10)：78-115.

④ Sassi S, Gasmi A. The Effect of Enterprise and Household Credit on Economic Growth: New Evidence from European Union Countries [J]. Journal of Macroeconomics, 2014 (39)：226-231.

2.1.2 银行信贷传导渠道的研究

银行贷款筹集资金是微观企业重要的融资途径之一。银行信贷渠道强调当银行根据监管部门政策指引、自身经营风险或其他原因调整其自身的信贷供给时，经济系统中的投资和产出等都会受到一定的影响，而信贷融资渠道与其他融资渠道的非完全替代性是信贷渠道存在的重要前提。[①] 假设经济系统中发生信贷收缩，那么，严重依赖银行信贷资金的企业将很难从银行取得足够的资金，其生产经营活动和投资活动随之受到影响，最终对产出产生影响。亚科维洛和米内蒂（Iacoviello and Minetti，2008）运用 VAR 方法对 4 个国家（芬兰、德国、挪威和英国）的住房市场进行了实证研究，结果显示，这些国家的信贷渠道均存在，同时研究发现，住房融资效率和积极提供抵押贷款机构的类型之间存在密切的关系。[②]

众多学者对银行信贷渠道的作用机制展开了丰富的研究，大致可以划分为两种观点：信贷配给观点和借贷观点。[③] 基于信贷配给观点，商业银行和借款企业之间存在信息不对称，在此情况下，商业银行除了根据利率来决定对企业发放的贷款外，还要考虑到信息不对称下借款企业可能出现的逆向选择或道德风险（斯蒂格利茨和韦斯，1981）。[④] 因此，当信贷收缩或经济处于衰退时期时，存在一部分需要融资的企业即使愿意支付高昂的利息也无法获得贷款，即会出现银行信贷的配给行为，在这种情况下经济中的贷款量会出现下降，进而对微观企业的生产经营和

---

① Bernanke B S, Blinder A S. Credit, Money, and Aggregate Demand [J]. American Economic Review, 1988, 78 (2): 435 – 439.

② Iacoviello M, Minetti R. The Credit Channel of Monetary Policy: Evidence from the Housing Market [J]. Journal of Macroeconomics, 2008, 30 (1): 69 – 96.

③ Morris C S, Sellon G H. Bank Lending and Monetary Policy: Evidence on a Credit Channel [J]. Federal Reserve Bank of Kansas City Economic Review, 1995, 80 (2): 59 – 75.

④ Stiglitz J E, Weiss A. Credit Rationing in Markets with Imperfect Information [J]. The American Economic Review, 1981, 71 (3): 393 – 410.

投资行为产生影响，最终对总产出产生影响。玻色（Bose，2002）构建了模型来预测通货膨胀率与产出增长率之间的负向非线性关系，研究结果表明，通货膨胀会对贷款人的行为产生影响，在这种环境下，两种类型的贷款制度可供选择：一种是配给制度，即通过信贷配给将高风险和低风险的借款人分离；另一种是筛选制度，即通过付出高昂的信息获取成本获取借款人的相关信息将其分离，但是无论哪一种制度选择都不利于经济系统的持续健康运行，而且也会使得通货膨胀的弊端更加突出。①基于借贷观点，在货币政策的作用过程中，经济的波动是由贷款供给曲线和需求曲线移动的相对幅度决定的。例如，宽松货币政策下，信贷供给量增大，信贷供给曲线的变动幅度大于信贷需求曲线的变动幅度，因此经济中的贷款量会上升，最终通过影响企业的生产经营和投资行为对经济总产出产生一定的影响。卡西亚普和斯坦因（Kashyap and Stein，1994）在相关研究的基础上，发现银行信贷渠道能够产生作用需要满足一定的条件，即经济系统中存在价格调整成本、信贷融资是部分企业融资的必然通道、中央银行对货币供给的数量拥有一定的话语权。②

我国学者根据我国货币政策运行的实际情况从多个侧面对银行信贷传导渠道展开了相关研究。顾铭德等（2002）从信贷市场、货币市场、资本市场和外汇市场四个层面对货币政策的传导机制展开了针对性的研究，并认为信贷市场是我国货币政策传导的主要渠道。③周英章和蒋振声（2002）运用时间序列分析方法，结合 1993~2001 年我国货币政策运行的实际，对货币政策的传导机制展开了实证分析，结果显示，相较于货币渠道，我国货币政策的传导主要是通过信用渠道实现的。④同样地，

---

① Bose N. Inflation, the Credit Market, and Economic Growth [J]. Oxford Economic Papers, 2002, 54 (3): 412 - 434.

② Kashyap A K, Stein J C. Monetary Policy and Bank Lending//Monetary Policy [M]. Chicago: The University of Chicago Press, 1994.

③ 顾铭德，汪其昌，王晟. 我国货币政策传导机制的变迁、效应及疏导建议 [J]. 财经研究，2002, 28 (11): 3 - 10.

④ 周英章，蒋振声. 货币渠道、信用渠道与货币政策有效性——中国 1993 - 2001 年的实证分析和政策含义 [J]. 金融研究，2002 (9): 34 - 43.

夏德仁等（2003）认为，银行信贷渠道是货币政策影响宏观经济的重要渠道。[①] 潘敏和缪海斌（2010）在构建结构向量自回归模型的基础上，以我国 2003 年 1 月至 2009 年 9 月的经济运行为观测期，实证分析了银行信贷与我国宏观经济之间的关系，结果显示，我国的信贷规模与经济增长、消费者价格指数之间存在双向因果关系。[②] 叶宁华和包群（2013）从微观主体入手，基于 2003～2007 年工业企业统计数据考察了银行信贷和商业信用对不同所有制企业生存期限的影响，结果显示，对于国有企业和民营企业银行信贷均能够显著提升企业的存活期限，但是相比国有企业，银行信贷对于民营企业的作用更加显著。[③]

2.1.3　金融加速器传导渠道的研究

"金融加速器"的概念最早是由伯南克等（Bernanke et al.，1996）[④]提出的，他们认为，经济系统中的微小波动可以被金融或信贷市场放大，最终会导致对整个经济社会产生巨大的影响，使得原本的小波动演变成为大冲击。随后，伯南克等在新凯恩斯标准动态模型的基础上引入金融加速器机制构建了 BGG 模型。BGG 模型的特别之处在于认为信贷市场中的信息不对称使得外部融资的成本大于内部融资的成本，产生外部融资溢价，外部融资溢价的存在直接影响了企业的资本成本，进而对企业的生产和投资决策行为产生影响，最终影响经济总产出。

随后，众多学者根据不同的研究目标对 BGG 模型进行了拓展。近年来，学者们主要将金融加速器机制与开放经济环境和行业及市场的异质

---

① 夏德仁，张洪武，程智军. 货币政策传导的"信贷渠道"述评 [J]. 金融研究，2003 (5)：36-42.

② 潘敏，缪海斌. 银行信贷与宏观经济波动：2003-2009 [J]. 财贸研究，2010，21 (4)：83-89.

③ 叶宁华，包群. 信贷配给、所有制差异与企业存活期限 [J]. 金融研究，2013 (12)：140-153.

④ Bernanke B，Gertler M，Gilchrist S. The Financial Accelerator and the Flight to Quality [J]. The Review of Economics and Statistics，1996，78 (1)：1.

性结合开展相关的研究。格特勒等（Gertler et al.，2007）纳入金融对总体经济的影响构建了一个小型开放经济宏观模型，来探究汇率制度与财务困境之间的联系，研究发现，信贷市场的摩擦加剧了经济危机时期投资需求的下降，同时，由于价格粘性及资本利用率可变，投资需求的急速下降又进一步转化为产出、就业和劳动生产率的收缩，此外，通过反事实实验发现，固定汇率制度会导致金融危机后的福利损失大大高于灵活的通货膨胀目标政策。[①] 麦迪等（Mody et al.，2007）利用 1973～2001年美国、加拿大、德国和法国的数据，基于多变量向量自回归模型和脉冲响应分析研究了跨国和国别信贷周期在解释产出波动性时的重要性，研究结果显示跨区域和跨国家的特定银行信贷与经济增长之间存在单向因果关系，证实了跨国金融加速器机制的存在。[②] 彼得罗斯基·纳多和瓦斯默（Petrosky-Nadeau and Wasmer，2013）将金融加速器机制引入信贷与劳动力市场的分析中，研究发现，信贷市场的摩擦会对劳动力市场的雇佣成本产生显著影响，扩大了生产率冲击对劳动力市场的影响，最终会导致经济更大的波动性。[③] 加蒂等（Gatti et al.，2010）将上下游企业和银行系统纳入统一框架中构建了信贷网络，来研究信贷网络中的金融加速器机制，研究发现，下游企业资产的变动更易引起整体经济的波动，而且当面对冲击时，如果代理商的杠杆率非常高，那么，破产的可能性就会越大。[④]

国内学者杜清源和龚六堂（2005）在真实经济周期模型的基础上引入金融加速器机制，对我国的经济波动展开相关研究，结果发现，即使没有纳入价格粘性因素，加入信息不完美和金融加速器机制后的真实经

① Gertler M, Gilchrist S, Natalucci F M. External Constraints on Monetary Policy and the Financial Accelerator [J]. Journal of Money, Credit and Banking, 2007, 39 (2 - 3): 295 - 330.

② Mody A, Sarno L, Taylor M P. A Cross-country Financial Accelerator: Evidence from North America and Europe [J]. Journal of International Money and Finance, 2007, 26 (1): 149 - 165.

③ Petrosky-Nadeau N, Wasmer E. The Cyclical Volatility of Labor Markets under Frictional Financial Markets [J]. American Economic Journal: Macroeconomics, 2013, 5 (1): 193 - 221.

④ Gatti D D, Gallegati M, Greenwald B, et al. The Financial Accelerator in an Evolving Credit Network [J]. Journal of Economic Dynamics and Control, 2010, 34 (9): 1627 - 1650.

济周期模型也能较好地刻画金融加速器机制在我国经济运行中的重要作用。① 此外，随着对金融加速器理论研究的不断深入，国内的许多学者也开始运用各种研究方法并结合我国的相关数据对我国是否存在金融加速器效应进行验证。赵振全等（2007）运用门限向量自回归模型对我国经济系统中的金融加速器效应进行了实证检验，结果表明，信贷市场处于宽松状态时经济系统面对外部冲击的反应要大于信贷市场处于紧缩状态时的反应，证实了我国存在明显的金融加速器效应。② 田树喜等（2009）从我国企业融资结构的角度出发，运用 H-P 滤波分析和脉冲响应对金融加速器效应的倾斜特征进行了实证研究，结果显示，我国经济系统处于信贷紧缩时期的波动性要大于经济系统处于信贷扩张时期的波动性，从而验证了我国经济系统中金融加速器效应的存在。③ 王曼怡和刘同山（2010）选取我国 2007 年第一季度至 2010 年第一季度的 20 家房地产企业的相关数据，运用回归分析检验了我国房地产企业中的金融加速器效应，结果显示，我国房地产行业存在明显的金融加速器效应，并且货币政策的冲击会通过该效应对房地产业产生巨大影响。④

2.2 银行信贷与社会福利的研究

在政策分析中，国内外学者大多从两个视角来分析社会福利效应：以微观主体效用为代表的社会福利分析和以福利损失函数为代表的社会福利分析。米内蒂和彭（Minetti and Peng，2018）使用具有信贷约束的新凯恩斯 DSGE 模型，研究中国央行实施的宏观审慎信贷政策对宏观经

---

① 杜清源，龚六堂. 带"金融加速器"的 RBC 模型［J］. 金融研究，2005（4）：16－30.
② 赵振全，于震，刘淼. 金融加速器效应在中国存在吗？［J］. 经济研究，2007（6）：27－38.
③ 田树喜，白钦先，林艳丽. 我国金融倾斜波动效应的实证分析［J］. 财经理论与实践，2009，30（1）：12－16.
④ 王曼怡，刘同山. 我国房地产业金融加速器效应研究——基于面板数据的实证分析［J］. 经济与管理研究，2010（9）：88－92.

济波动的影响。在福利分析方面，从微观主体效用入手，构建了基于企业效用福利和家庭效用福利加权的社会总福利，在此基础上展开信贷政策和宏观审慎政策的社会福利分析，结果显示，宏观审慎信贷政策可以显著提高社会福利，使企业部门比家庭部门收益更多。[①] 甘巴科塔和西诺雷蒂（Gambacorta and Signoretti，2014）构建 DSGE 模型分析货币政策规制对宏观经济的影响，其中，基于家庭和企业的效用福利分析了不同政策波动下对福利的变化情况。[②] 乔纳森（Jonathan et al.，2018）研究了信贷安排的福利效应以及交易机制和通货膨胀对福利效应的影响，其中，用与效用相关的函数刻画了福利效应，结果显示，在竞争激烈的市场中，信贷用户的高消费推高了价格水平，进而减少了受流动性约束的现金用户的消费，最后导致信贷安排减少了整体的福利水平，但是通过价格歧视和非线性定价机制可以减少这种福利损失。[③] 怀特（White，2012）认为，孟加拉国格莱珉银行的小额贷款项目提高穷人的福利，而南非和玻利维亚的小额信贷对债务人造成了过度负债的危机。[④] 王玉林等（Wang Y L et al.，2012）分析了政府贷款担保对均衡信用契约和经济福利的影响，结果表明，政府针对高风险企业家的贷款担保减少了信用合同中的抵押物质押，降低了社会成本，提高了经济福利。[⑤] 高斯特等（Ghosh et al.，2019）以国有银行为例，运用动态随机一般均衡模型分析了政府向银行注资（无条件转让和"换取股权"）应对贷款违约对宏观经济的影响，以家庭总需求代表福利效应，结果显示，政府对因借

① Minetti R, Peng T. Credit Policies, Macroeconomic Stability and Welfare: The Case of China [J]. Journal of Comparative Economics, 2018, 46 (1): 35 – 52.

② Gambacorta L, Signoretti F M. Should Monetary Policy Lean Against the Wind? An Analysis based on a DSGE Model with Banking [J]. Journal of Economic Dynamics and Control, 2014, 43: 146 – 174.

③ Jonathan C, Mei D, Enchuan S. On the Welfare Effects of Credit Arrangements [J]. International Economic Review, 2018, 59 (3): 1621 – 1651.

④ White A M. Credit and Human Welfare: Lessons from Microcredit in Developing Nations [J]. Washington and Lee Law Review, 2012, 69 (2): 1093.

⑤ Wang Y L, Lee C H, Ko P S. Do Loan Guarantees Alleviate Credit Rationing and Improve Economic Welfare? [J]. Sustainability, 2020, 12 (9): 3922.

款公司不还款而造成的损失进行无条件转移时，会对生产率产生负面冲击，公共事业支出、私人消费和工资水平下降，存在巨大的福利成本；在有条件转移的情形下，公共事业支出的下降相对较小。[①] 巴利戈齐和泰德斯奇（Barigozzi and Tedeschi，2015）分析了有社会责任感的贷款人和有动机的借款人在信贷市场竞争时的相互作用，结果显示，道德银行在活跃时会增加社会福利，因为道德贷款人与积极的借款人的匹配会减少由代理问题引起的摩擦。[②]

国内学者大多针对信贷歧视和农村金融领域展开对银行信贷的福利分析。肖争艳等（2015）引入信贷歧视构建动态随机一般均衡模型，并且从福利损失函数的视角分析了国有企业与民营企业之间信贷歧视的福利成本，研究结果显示，国有企业和民营企业之间的信贷歧视大约会使整体的社会福利损失增加6.2%，其原因在于信贷歧视的存在使得民营企业产出的波动增加，并最终导致通货膨胀和产出波动性的加大。[③] 针对农村信贷的福利分析大部分从减少贫困，增加收入的视角来衡量社会福利水平，如褚保金等（2009）在内生转换模型的基础上，结合江苏省的调研数据分析信贷配给对农户福利水平的影响，在具体的实证测度中主要以收入或消费水平来衡量农户的福利，研究结果显示，信贷配给的存在限制了农户获取贷款的途径和数量，从而对农户的投资行为产生影响，最终显著影响了农户的收入水平。[④] 同样是对农户信贷的福利分析，李庆海等（2016）运用分位数处理效应模型基于2013年江苏和山东两省的农户调查数据研究了处于不同分位点处农户的福利水平受信贷约束的影响程度，主要是以生产性收入、生产性固定资产和消费支出等

---

① Ghosh S, Gopalakrishnan P, Satija S. Recapitalization in an Economy with State-Owned Banks-A DSGE Framework [J]. Theoretical Economics Letters, 2019, 10 (1)：232–249.

② Barigozzi F, Tedeschi P. Credit Markets with Ethical Banks and Motivated Borrowers [J]. Review of Finance, 2015, 19 (3)：1281–1313.

③ 肖争艳，郭豫媚，郭俊杰. 中国信贷歧视的福利成本 [J]. 经济理论与经济管理，2015 (10)：46–55.

④ 褚保金，卢亚娟，张龙耀. 信贷配给下农户借贷的福利效果分析 [J]. 中国农村经济，2009 (6)：51–61.

来衡量农户的福利水平，结果显示，信贷约束的存在使得农户福利水平显著降低。[①] 李成友等（2019）使用2017年山东和江苏两省农户家庭调研数据，借助广义倾向得分匹配方法，构建多重处理效应模型，分析了补贴类型正规信贷配给对农户福利水平影响的差异性，主要是以农户的生产性收入、一般性资产和非基本消费支出来衡量农户的福利水平，结果显示，六种类型正规信贷配给均对农户福利水平产生显著负向影响。[②]

2.3　绿色信贷的相关研究

"绿色信贷" 是一个具有中国特色的词语，在国际上，"绿色信贷" 的概念主要来自赤道原则。

2.3.1　国外赤道原则

基于国际金融公司和世界银行的政策和指南，2003 年，国际主要金融机构制定了一个自愿的行为守则，规定了项目融资行业的环境和社会绩效标准。此后，国外学者就金融机构加入赤道原则的动机以及采纳赤道原则的影响展开了深入研究。

当世界上大多数银行承诺在结构化贷款中考虑环境和社会因素时，学者们纷纷就银行加入赤道原则的动机展开相关研究，因为没有政府要求它们这样做。劳伦斯和托马斯（Lawrence and Thomas，2004）认为，采用赤道原则的一个动机是平衡银行之间的竞争环境，并建立一个项目

　　① 李庆海，吕小锋，李锐. 农户信贷约束及其福利水平的分位数影响 [J]. 华南农业大学学报（社会科学版），2016，15（2）：52 - 61.
　　② 李成友，孙涛，李庆海. 需求和供给型信贷配给交互作用下农户福利水平研究——基于广义倾向得分匹配法的分析 [J]. 农业技术经济，2019（1）：111 - 120.

融资贷款人应该遵守的最低标准。^① 如果金融机构资助一个导致社会或环境灾难的项目，那么这个金融机构就会面临声誉风险，这种声誉风险是可以避免的，但每家金融机构也会担心采取限制其贷款会使自身处于竞争的不利地位，所以为了避免这种困难的选择，平衡竞争环境而采纳赤道原则。^② 此外，也有学者从"囚徒困境"的视角讨论金融机构采用赤道原则的动机。^③ 阿马尔里奇（Amalric，2005）认为，没有零售风险的银行采用赤道原则的原因在于项目融资的结构，项目融资交易的规模都非常庞大，需要贷款联合。^④ 赖特和鲁瓦比桑布加（Wright and Rwabizambuga，2006）认为，不同地区金融机构面临的制度环境的不同导致了赤道原则的地区差异，同时指出金融机构采纳赤道原则源于由此产生的声誉效益，反过来，这些声誉效益取决于金融机构所处的制度环境对企业声誉的威胁程度。^⑤

在赤道原则的指导下，商业银行等金融机构要在事前综合评估申请融资的项目或企业可能会带来的环境及社会影响，同时要利用金融杠杆作用引导该项目向有利于环境保护及社会和谐的方向发展，这就使得实行赤道原则的银行和没有实行的银行做出投资决定的标准不同，进而会在社会责任和盈利能力等方面产生一定的差异。舒尔滕斯和达姆（Scholtens and Dam，2007）分别从社会、道德和环境政策方面对采纳赤道原则的金融机构和没有采纳赤道原则的金融机构进行了比较，研究发现，采

① Lawrence R F, Thomas W L. The Equator Principles and Project Finance: Sustainability in Practice [J]. Natural Resources & Environment, 2004 (19): 21–27.

② Aizawa M, Yang C. Green Credit, Green Stimulus, Green Revolution? China's Mobilization of Banks for Environmental Cleanup [J]. The Journal of Environment & Development, 2010, 19 (2): 119–144.

③ Richardsoni B J. The Equator Principles: The Voluntary Approach to Environmentally Sustainable Finance [J]. European Energy and Environmental Law Review, 2005, 14 (11): 280–290.

④ Amalric F. The Equator Principles: A Step Towards Sustainability [J]. Center for Corporate Responsibility and Sustainability, 2005 (2): 1–23.

⑤ Wright C, Rwabizambuga A. Institutional Pressures, Corporate Reputation, and Voluntary Codes of Conduct: An Examination of the Equator Principles [J]. Business and Society Review, 2006, 111 (1): 89–117.

用赤道原则的金融机构的企业社会责任政策评级明显高于没有采纳赤道原则的金融机构，此外，赤道原则的采纳者往往具有更大的规模。[①] 艾森巴赫等（Eisenbach et al.，2014）采用事件研究方法，对赤道原则对项目融资业的影响展开了相关研究，发现资本市场对于后来采纳赤道原则的金融机构的反应比早期赤道原则采纳者的反应更强烈，并认为声誉风险是采用赤道原则的主要驱动因素之一，同时发现从全球角度看，采纳赤道原则的金融机构在项目容量、项目数量、市场份额方面优于非采用者，而在发展中国家，则是采纳赤道原则的金融机构明显落后于非采纳者，此外，还发现采用赤道原则的金融机构能够获得正的超额收益。[②]

2.3.2 国内绿色信贷

2007 年，在原国家环境保护总局与中国人民银行、原中国银监会的共同努力下，《关于落实环保政策法规防范信贷风险的意见》出台，正式启动了中国的绿色信贷项目。随后，我国各级政府及监管机构发布了一系列与绿色信贷相关的政策文件，大中型银行也陆续出台了自己的绿色信贷实施细则，绿色信贷作为一项信贷政策的同时也是一项治理、改善环境的环境经济政策，迅速引起了学术界和实践界的广泛关注。国内学者主要是在借鉴国外研究和实践的基础上，结合我国的国情，提出完善我国绿色信贷的制度设计或政策建议，[③④⑤] 并针对我国绿色信贷的现

① Scholtens B, Dam L. Banking on the Equator, Are banks that Adopted the Equator Principles Different from Non-adopters? [J]. World Development, 2007, 35 (8): 1307 – 1328.

② Eisenbach S, Schiereck D, Trillig J, Flotow P. Sustainable Project Finance, the Adoption of the Equator Principles and Shareholder Value Effects [J]. Business Strategy and the Environment, 2014, 23 (6): 375 – 394.

③ 龙卫洋，季才留. 基于国际经验的商业银行绿色信贷研究及对中国的启示 [J]. 经济体制改革, 2013 (3): 155 – 158.

④ 林可全，吕坚明. 商业银行绿色信贷的国际比较研究及对我国的启示 [J]. 探求, 2010 (4): 49 – 55, 60.

⑤ 何德旭，张雪兰. 对我国商业银行推行绿色信贷若干问题的思考 [J]. 上海金融, 2007 (12): 4 – 9.

状、实行的必要性和意义、实施过程中存在的障碍以及涉及的法律问题展开相关的理论研究。①②③

绿色信贷的目的是通过商业银行的资金配置作用，引导资金流向绿色环保类的企业和项目，减少资金在高污染高排放领域的投放，实现经济和环境的可持续发展。我国的绿色信贷政策自 2007 年正式启动以来，对经济和环境产生了怎样的影响？陈好孟（2010）运用计量经济学的方法实证研究了我国信贷供给支持节能减排的有效性，结果表明，绿色信贷实施以来工业领域的环境污染状况改善明显，同时认为绿色信贷通过信贷总量和信贷结构的调整在环境保护方面发挥了重要作用。④ 绿色信贷的直接影响是对企业借款成本的影响，企业借款成本的变化会迫使企业生产方式的改变，进而对环境和经济产生影响。蔡海静（2013）以造纸、采掘与电力行业为例，从企业借款行为的视角对我国绿色信贷政策的实施效果进行检验，结果发现，我国绿色信贷的实施效果仅表现在短期借款方面。⑤ 刘婧宇等（2015）构建了包含金融系统的可计算一般均衡模型，从行业产出的视角对我国绿色信贷的实施效果进行了研究，结果发现，绿色信贷政策在短期内能够抑制高污染、高能耗产业的投资行为，但是长期来看，绿色信贷政策的效果会被抵消。⑥ 连莉莉（2015）采用固定效应模型，结合 2000～2014 年我国上市公司的相关数据，研究绿色信贷对绿色企业和"两高"企业融资成本的影响，结果显示，绿色信贷政策影响下绿色企业的融资成本低于"两高"企业的融资成本。⑦

---

① 党春芳. 关于我国商业银行推行绿色信贷的思考 [J]. 现代经济探讨, 2009 (2)：51–53.
② 夏少敏. 论绿色信贷政策的法律化 [J]. 法学杂志, 2008 (4)：55–58.
③ 马晓明, 应鸣岐, 王靖添. 绿色信贷在交通节能减排方面应用现状和建议 [J]. 现代管理科学, 2016 (9)：6–8.
④ 陈好孟. 基于环境保护的我国绿色信贷制度研究 [D]. 青岛：中国海洋大学, 2010.
⑤ 蔡海静. 我国绿色信贷政策实施现状及其效果检验——基于造纸、采掘与电力行业的经验证据 [J]. 财经论丛, 2013 (1)：69–75.
⑥ 刘婧宇, 夏炎, 林师模, 等. 基于金融 CGE 模型的中国绿色信贷政策短中长期影响分析 [J]. 中国管理科学, 2015, 23 (4)：46–52.
⑦ 连莉莉. 绿色信贷影响企业债务融资成本吗？——基于绿色企业与"两高"企业的对比研究 [J]. 金融经济学研究, 2015 (5)：83–93.

　　绿色信贷通过多种渠道和机制对产业结构和宏观经济产生影响。胡一琴等（Hu Y Q et al.，2020）通过对中国绿色信贷现状和产业结构的分析，探索绿色信贷对产业结构的影响机制，研究发现，绿色信贷主要是通过企业的资金渠道和融资渠道对产业结构产生影响，此外，又运用2006～2016 年中国东部、中部、西部地区样本数据构建固定效应模型对绿色信贷的影响效果展开研究，研究发现，中国绿色信贷对产业结构的转型具有显著影响，而且在各地区存在一定的地区差异。[1] 何凌云等（He L Y et al.，2019）以中国 150 家可再生能源上市公司为例构建了阈值效应模型，对绿色信贷与绿色经济发展之间的关系展开相应研究，研究发现，可再生能源投资通过绿色信贷的双重门槛效应对绿色经济发展产生影响，该效应分为三个阶段：促进、抑制、促进；同时，发现对于大型公司而言，可再生能源投资对绿色经济发展的影响主要包括绿色信贷的一个阈值，但是对于中小型和微型企业，可再生能源投资对绿色经济发展的影响包括绿色信贷的双重门槛效应。[2] 钱水土等（2019）认为，绿色信贷主要是通过资本形成、资本导向、信息传导、产业整合以及风险分配机制对产业结构产生影响，并运用灰色关联模型实证分析绿色信贷与产业结构之间的关系，研究结果显示，绿色信贷与第三产业关联度最高、第二产业次之、第一产业最低，在此基础上选取 2004～2017 年我国的省级面板数据展开相关研究，结果显示，绿色信贷在一定程度上促进产业结构优化，但是影响是有限的。[3]

　　商业银行经营业务的开展以营利性、流动性和安全性为原则，理论上，绿色信贷会对其盈利能力造成一定的负面影响，同时绿色信贷业务

---

[1]　Hu Y Q, Jiang H, Zhong Z. Impact of Green Credit on Industrial Structure in China: Theoretical Mechanism and Empirical Analysis [J]. Environmental Science and Pollution Research, 2020, 27 (2): 10506 – 10519.

[2]　He L Y, Zhang L, Zhong Z, et al. Green Credit, Renewable Energy Investment and Green Economy Development: Empirical Analysis based on 150 Listed Companies of China [J]. Journal of Cleaner Production, 2019, 208: 363 – 372.

[3]　钱水土，王文中，方海光. 绿色信贷对我国产业结构优化效应的实证分析 [J]. 金融理论与实践，2019 (1): 1 – 8.

又会给商业银行带来一定的声誉效益，但绿色信贷对商业银行的绩效到底会产生怎样的影响？国内学者通过实证研究得出了不同的结论。李利霞等（2013）在相关分析和方差分析的基础上，结合我国 16 家上市商业银行的相关数据实证分析了商业银行对于绿色信贷信息的披露是否能够影响银行的财务绩效，研究结果显示，总体上绿色信贷信息披露对财务绩效的影响存在滞后性，其中，2009 年的信息披露对 2011 年的财务绩效产生明显的正向影响。[①] 李程等（2016）从演化博弈的视角分析了影响我国商业银行实施绿色信贷的主要因素，同时运用双重差分模型，研究了我国 16 家上市银行的绿色信贷对其经营绩效的影响，结果显示，现阶段我国的绿色信贷政策对商业银行的绩效存在负面影响。[②] 胡荣才和张文琼（2016）采用面板数据模型，并结合我国 14 家商业银行 2009 ~ 2014 年的相关数据，从借贷成本的视角分析了商业银行绿色信贷业务对其盈利水平的影响，研究结果表明，银行的绿色信贷业务会增加其经营成本，进而对其盈利水平产生负面影响，但是同时贷款数量的增加又有助于提高其营业利润，这在一定程度上可以抵消绿色信贷造成的利润损失。[③]

以上研究表明，国内外学者对商业银行实施绿色信贷的动机、影响、风险管理以及绿色信贷对经济环境的影响展开了相关研究，并取得了有益的成果，但是，大多集中于理论探讨阶段，在实证研究中也多是集中于绿色信贷实施或作用的主体，而对绿色信贷产生的环境经济效应，国内学者虽有研究，但仅涉及绿色信贷的一个方面：控制或限制"两高一剩"行业贷款，而没有讨论绿色信贷在支持绿色环保产业的环境经济影响，也没有涉及对社会福利的考察。

---

① 李利霞，黎赔肆，李钢. 我国上市银行绿色信贷披露状况对财务绩效的影响 [J]. 南华大学学报（社会科学版），2013（4）：50－53.

② 李程，白唯，王野，等. 绿色信贷政策如何被商业银行有效执行？——基于演化博弈论和 DID 模型的研究 [J]. 南方金融，2016（1）：47－54.

③ 胡荣才，张文琼. 开展绿色信贷会影响商业银行盈利水平吗？[J]. 金融监管研究，2016（7）：92－110.

2.4 环境规制效果的研究

绿色信贷作为一种环境规制手段，通过梳理环境规制效果评估方面的相关文献，可以为我们下面开展绿色信贷产出和福利效应的相关研究提供新的思路和视角。

环境规制是为了缓解环境污染而采取的污染物排放控制技术和控制污染物排放的政策。通过对国内外环境规制文献的研究与整理发现，主要的环境规制手段包括：污染物排放控制技术，如发挥性有机气体循环托付分流回收吸附净化技术、活性炭吸附回收 VOCs 技术、汽油车尾气催化净化技术、室内空气有害气体净化技术等；大气污染法律法规，如《清洁空气法》（美国，1990）、Gothenburg 协议（欧盟，1999）、《中华人民共和国大气污染防治法》（中国，2000）等；行政命令，如《大气污染防治行动计划》（中国，2013）、《清洁电力计划》（美国，2015）、汽车排放计划（欧盟，2017）等；政策监管工具，如对交通部门的机动车污染排放的监管、载重车辆限制性行驶区域、车速限制等；经济政策手段，如欧盟燃油税、环保电价、生态补偿费等；市场工具手段，如碳排放交易市场，许可证制度等。从环境规制的视角，绿色信贷属于一种环境经济手段。

2.4.1 环境规制的减排效应评估

环境规制的目的是缓解环境污染状况，强调经济发展和环境保护的协调发展，因此，很多国内外学者从环境规制的减排效果展开研究，大部分学者认为，环境规制及其工具能有效地减少环境污染。例如，王红梅（2016）同时考虑所有环境规制政策工具的有效性结果发现，命令—控制型工具和市场激励型工具仍然是当前中国环境治理最有效的环境规制手段;① 环境规制不仅能对大气污染排放量产生直接影响,而且还会通过促进企业的生产技术创新②和产业结构升级③对大气污染排放产生间接影响;李玲和陶峰（2012）对比命令—控制型和市场激励型环境规制的减排效果发现,市场激励型环境规制手段更能促进企业的生产技术创新,节能减排效果也更加突出;④ 王班班和齐绍洲（2016）发现,命令—控制型工具对减排技术创新的影响更具有针对性,节能减排效果在国有化程度更高的电力、石油化工行业更为显著;⑤ 黄清煌和高明（2016）研究发现,命令—控制型和公众参与型环境规制对节能减排效率的影响呈倒"U"型关系,而市场激励型呈正"U"型关系,并区分了不同环境规制工具在不同时期的适用性。⑥ 另外,王和惠勒（Wang and Wheeler, 2005）⑦ 基于排污费,兰帕普和希姆沙克（Langpap and Shimshack, 2010）⑧ 基于公众参与,查韦斯等（Chávez et al., 2009）⑨ 基于市场激励型经济规制,分别检验了不同环境规制工具的污染减排效果。随着对环境规制研究及实践的不断深入,命令—控制类的强制性环境规制政策逐渐被抛弃,特别是在西方发达国家,主要是因为强

① 王红梅. 中国环境规制政策工具的比较与选择——基于贝叶斯模型平均（BMA）方法的实证研究 [J]. 中国人口·资源与环境, 2016, 26（9）: 132 – 138.

② 李斌,彭星. 环境规制工具的空间异质效应研究——基于政府职能转变视角的空间计量分析 [J]. 产业经济研究, 2013（6）: 38 – 47.

③ 原毅军,贾媛媛. 技术进步、产业结构变动与污染减排——基于环境投入产出模型的研究 [J]. 工业技术经济, 2014（2）: 41 – 49.

④ 李玲,陶锋. 中国制造业最优环境规制强度的选择——基于绿色全要素生产率的视角 [J]. 中国工业经济, 2012（5）: 70 – 82.

⑤ 王班班,齐绍洲. 市场型和命令型政策工具的节能减排技术创新效应——基于中国工业行业专利数据的实证 [J]. 中国工业经济, 2016（6）: 91 – 108.

⑥ 黄清煌,高明. 中国环境规制工具的节能减排效果研究 [J]. 科研管理, 2016, 37（6）: 19 – 27.

⑦ Wang H, Wheeler D. Financial Incentives and Endogenous Enforcement in China's Pollution Levy System [J]. Journal of Environmental Economics & Management, 2005, 49（1）: 174 – 196.

⑧ Langpap C, Shimshack J P. Private Citizen Suits and Public Enforcement: Substitutes or Complements? [J]. Journal of Environmental Economics & Management, 2010, 59（3）: 235 – 249.

⑨ Chávez C A, Villena M G, Stranlund J K. The Choice of Policy Instruments to Control Pollution under Costly Enforcement and Incomplete Information [J]. Journal of Applied Economics, 2009, 12（2）: 207 – 227.

制性环境规制政策容易破坏市场竞争规则，从而降低整体宏观经济的运行效率，与此同时，市场激励类的环境经济政策越来越受到青睐，与强制性环境规制政策相比，市场激励类的环境规制能够在市场经济环境下，将经济效益与具体的环境保护目标相结合，有利于经济发展和环境保护的协同进步。[1]

然而一些学者却对环境规制的必要性和有效性提出质疑。普尔（Poul，2002）认为，随着自然资源的不断消耗，污染排放也会随之不断减少，环境政策是多余的。[2] 特别是辛恩（Sinn，2008）[3] 开创性地提出"绿色悖论"（Green Paradox），认为限制气候变化的政策措施的执行会导致化石能源加速开采的现象，造成更加严重的环境恶化，面临环境规制，能源使用者等供给侧方向的经济主体会向前移动能源的开发进程，随之而来的是能源消耗速度的提升和污染排放的进一步增加。在此基础上，德沃夫和玛利亚（Van Werf and Di Maria，2012）从异质性的视角对绿色悖论效应展开了进一步研究，将其划分为增强版的绿色悖论和减弱版的绿色悖论，两者的主要区别在于，前者会使气候变化造成的未来损失的净现值增大，而后者会在短期内增加碳排放。[4]

2.4.2 环境规制的产出与福利效应评估

环境与经济产出之间存在复杂的交互关系，环境规制在影响环境状况的同时必然会对经济产出产生一定的影响，因此，从经济产出的视角

---

① Sterner T. Fuel Taxes：An Important Instrument for Climate Policy［J］. Energy Policy，2007，35（6）：3194 – 3202.

② Poul S. When Environmental Policy is Superfluous：Growth and Polluting Resources［J］. Scandinavian Journal of Economics，2002，104（4）：605 – 620.

③ Sinn H W. Public Policies Against Global Warming：A Supply Side Approach［J］. International Tax & Public Finance，2008，15（4）：360 – 394.

④ Van der Werf E，Di Maria C. Imperfect Environmental Policy and Polluting Emissions：the Green Paradox and Beyond［J］. International Review of Environmental and Resource Economics，2012，6（2）：153 – 194.

评估环境规制的效果也陆续成为研究者关注的焦点。阿尔奇和科吉库（D'Arge and Kogiku，1973）、福斯特（Forster，1973）、贝克尔（Becker，1982）等在经济模型中纳入了对环境因素的考量，[1][2][3] 来探讨环境与经济之间的复杂关系，认为污染税等环境政策不一定能够带来优质的环境质量，但是，优质的环境质量可以来自污染税等环境政策。黄庆华等（2018）将 SBM 函数和 Luenberger 生产率指数相结合，以 2003 ~ 2015 年中国 36 个工业行业为研究样本，对绿色全要素生产率进行了定量测度，研究发现，环境政策存在一定的时滞性，因此，环境政策并不能够持续长期地促进绿色全要素生产率的增长，相反，在陈旧的环境政策下，微观企业会进一步增加污染类的经济产出，来弥补为此付出的污染减排成本，最终会导致环境状况的恶化而不是改善。[4] 查建平（2015）构造了能够综合反映中国实际情况的经济增长模式量化指标及经济增长分解模型，结合 2003 ~ 2010 年省级工业产业面板数据，实证分析了环境规制强度对工业经济增长模式的影响，实证结果显示，中国的环境规制强度与工业经济增长模式之间存在倒"U"型变化关系，我国现阶段的环境规制强度尚处于倒"U"型曲线左侧，环境规制强度上升有助于推动工业经济生态化、集约化发展。[5] 并且，不断有学者将资源与污染同时考虑在内。例如，格里莫和鲁格（Grimaud and Rougé，2005）在将环境因素引入模型的基础上，进一步纳入不可再生资源，同时，假设污染是由资源使用产生的，在此基础上，分析环境和资源对经济可持续发展的影响，

---

① D'Arge R C, Kogiku K C. Economic Growth and the Environment [J]. Review of Economic Studies, 1973, 40 (1)：61 – 77.

② Forster B A. Optimal Capital Accumulation in a Polluted Environment [J]. Southern Economic Journal, 1973, 39 (4)：544 – 547.

③ Becker R A. Intergenerational Equity：The Capital-environment Trade-off [J]. Journal of Environmental Economics and Management, 1982, 9 (2)：165 – 185.

④ 黄庆华，胡江峰，陈习定. 环境规制与绿色全要素生产率：两难还是双赢？[J]. 中国人口·资源与环境, 2018 (11)：140 – 149.

⑤ 查建平. 环境规制与工业经济增长模式——基于经济增长分解视角的实证研究 [J]. 产业经济研究, 2015 (3)：92 – 101.

结果显示，资源税的征收可以改善经济增长的路径，从而使经济迈入最优增长。[1] 随着研究的进一步深入，学者们在环境规制的评估中逐渐将环境与产出之间的交互关系纳入其中。许文立等（Xu et al.，2016）构建了包含环境质量演化方程与企业生产行为交互作用的新凯恩斯模型，模拟不同的环境政策对宏观经济与环境的影响，结果显示，环境政策的实施会造成经济损失。[2]

经济增长带来的环境污染不仅对经济社会的可持续发展形成无法回避的威胁，还对居民健康造成了无法估量的损失。[3] 环境和健康问题关系到广大人民群众的切身安全和利益，逐渐引起社会各界的广泛关注，成为各国亟待解决的难题。为了实现经济社会的可持续发展，提高人们的福利水平，我们必须重视居民健康问题。因此，将居民健康福利纳入环境经济政策的评估中是非常必要的。

首先，大量研究已经证实环境污染会影响居民健康。由环境污染物引起的呼吸和免疫系统的破坏可能导致提高感染能力，降低肺功能和增加发生过敏风险（Luebke et al.，2004；Winans et al.，2011；Miller and Marty，2010；Gascon et al.，2013）。[4][5][6][7] 昆兹利等（Künzli et al.，

① Grimaud A, Rougé L. Polluting Non-renewable Resources, Innovation and Growth: Welfare and Environmental Policy [J]. Resource & Energy Economics, 2005, 27 (2): 109 – 129.

② Xu W L, Xu K, Lu H Y. Environmental Policy and China's Macroeconomic Dynamics Under Uncertainty—Based on the NK Model with Distortionary Taxation [C]. MPRA Paper, 2016.

③ Chen Y, Ebenstein A, Greenstone M, et al. Evidence on the Impact of Sustained Exposure to Air Pollution on Life Expectancy from China's Huai River Policy [J]. Pnas, 2013, 110 (32): 12936 – 12941.

④ Luebke R W, Parks C, Luster M I. Suppression of Immune Function and Susceptibility to Infections in Humans: Association of Immune Function with Clinical Disease [J]. Journal of Immunotoxicology, 2004, 1 (1): 15 – 24.

⑤ Winans B, Humble M C, Lawrence B P. Environmental Toxicants and the Developing Immune System: A Missing Link in the Global Battle Against Infectious Disease? [J]. Reproductive Toxicology, 2011, 31 (3): 327 – 336.

⑥ Miller M D, Marty M A. Impact of Environmental Chemicals on Lung Development [J]. Environmental Health Perspectives, 2010, 118 (8): 1155 – 1164.

⑦ Gascon M, Morales E, Sunyer J, et al. Effects of Persistent Organic Pollutants on the Developing Respiratory and Immune Systems: A Systematic Review [J]. Environment International, 2013, 52: 51 – 65.

2000）运用流行病学的暴露—反应模型量化研究了瑞士的室外空气污染对公共健康（发病率和死亡率）的影响，结果显示，空气污染占总死亡率的 6% 或者每年引起 4 万多个归因病例，具体来讲，每年会增加 25000 多例成人新发慢性支气管炎，超过 290000 例儿童支气管炎，50 多万次哮喘发作，以及超过 1600 万人/日的限制活动。儿童因为肺部快速增长，免疫功能和代谢功能不全，通气模式和户外活动水平高，对空气污染的不利影响高度敏感。[①] 陈等（Chen et al.，2015）通过对儿童健康的研究发现，暴露于有污染的环境与哮喘患病率、新发哮喘、支气管炎和喘息风险增加、肺功能生长缺陷和气道炎症有关。[②]

其次，由环境污染引发的居民健康问题会造成一定的经济损失。博兰格尔等（Boulanger et al.，2017）对法国室内空气污染的社会经济成本进行了测算，结果显示，2004 年法国室内空气污染的经济成本约为 200 亿欧元，由污染导致的过早死亡和生活质量损失的成本约占总成本的 90%。[③] 蔡春光和郑晓瑛（2007）采用条件价值评估方法，以北京市居民为研究样本，定量分析了居民对改善环境的支付意愿，结果发现，居民的环境支付意愿会随着家庭收入水平和受教育程度的提高而增加。[④] 彭希哲和田文华（2003）采用支付意愿法，以上海市为例，从理论和实证两个层面定量分析了由空气污染引起的呼吸系统疾病损失，结果显示，上海市居民由空气污染引起的疾病损失的支付费用为 51.66 亿元，这一

---

① Künzli N，Ackermann-Liebrich U，Brändli O，et al. Clinically "small" Effects of Air Pollution on FVC Have a Large Public Health Impact ［J］. Eur Respir J，2000，15（1）：131 – 136.

② Chen Z，Salam M T，Eckel S P，et al. Chronic Effects of Air Pollution on Respiratory Health in Southern California Children：Findings from the Southern California Children's Health Study ［J］. Journal of Thoracic Disease，2015，7（1）：46.

③ Boulanger G，Bayeux T，Mandin C，et al. Socio-economic Costs of Indoor Air Pollution：A tentative Estimation for Some Pollutants of Health Interest in France ［J］. Environment International，2017，104：14 – 24.

④ 蔡春光，郑晓瑛. 北京市空气污染健康损失的支付意愿研究 ［J］. 经济科学，2007（1）：107 – 115.

金额占 1999 年上海市国内生产总值的 1.28%。① 曾贤刚和蒋妍（2010）采用权变评估法，结合上海、南宁和九江三个城市的调研数据，定量评估了我国空气污染健康损失中的统计生命价值，实证结果显示，我国的空气污染健康损失的统计生命价值与其他国家相比偏低，为 100 万元。② 肖权和方时姣（2021）在构建理论模型的基础上，基于 2003~2007 年中国省级面板数据，利用中介效应模型、门槛模型研究了收入差距、环境污染对居民健康的影响，结果显示环境污染是收入差距影响居民健康的有效路径，环境污染抑制了地区平均预期寿命的提高，在收入差距对地区平均预期寿命的影响中发挥了部分中介作用。③ 李梦洁和杜威剑（2018）利用 2012 年中国家庭追踪调查数据（CFPS），将环境因素纳入健康生产函数，讨论了空气污染对居民健康的影响及其群体差异。研究发现：空气污染会对居民健康产生消极影响，同时发现空气污染的健康负效应存在显著的群体差异，经济社会地位不利的群体因空气污染承担了更大的健康损失。④

最后，部分学者在研究环境经济政策中将居民健康福利纳入评估范畴。马蒂厄－博尔赫和保特雷尔（Mathieu-Bolh and Pautrel, 2016）建立了一个两期重叠的世代模型研究了环境税的经济效应，重点关注生命周期中污染、发病率和生产力之间的联系，研究发现，环境税改善了生命周期的健康状况，影响了储蓄、健康投入、劳动力供给和退休，从而对经济产出产生影响，同时，结果还显示，与不考虑生命周期中污染对健康影响的文献相比，减弱了环境税收对产出的一些负面影响，降低了积

① 彭希哲，田文华. 上海市空气污染疾病经济损失的意愿支付研究［J］. 世界经济文汇，2003（2）：32－44.
② 曾贤刚，蒋妍. 空气污染健康损失中统计生命价值评估研究［J］. 中国环境科学，2010，30（2）：284－288.
③ 肖权，方时姣. 收入差距、环境污染对居民健康影响的实证分析［J］. 统计与决策，2021，37（7）：67－71.
④ 李梦洁，杜威剑. 空气污染对居民健康的影响及群体差异研究——基于 CFPS（2012）微观调查数据的经验分析［J］. 经济评论，2018（3）：142－154.

极的福利效应。[1] 陈素梅（2016）构建了一般均衡分析框架，对中国燃油税的双重红利进行了相关研究，将大气质量、健康和经济产出纳入评估框架中。[2] 杨升（2016）从中国道路交通的异质性视角出发，运用误差修正模型，以北京市道路交通部门为例，估算了环境税政策对我国居民健康的影响，结果显示，从居民健康影响角度，对货运部门征收环境税的效果要比客运部门征税效果更为明显，对城市私人部门征收的环境税所起到的政策效果好于针对公共部门的征税效果，并认为柴油税税率的健康效应高于汽油税的影响。[3] 徐双明和钟茂初（2018）从污染的健康效应视角出发，在一个扩展的 Ramsey 模型中探讨了环境污染、健康人力资本与经济增长之间的动态关系。[4]

2.5 文献述评

银行信贷作为微观企业重要的融资渠道，一直以来受到国内外学者的广泛关注，同时，环境问题已经逐渐成为政府、公众以及社会各界的关注焦点，也成为学术研究的热点问题，绿色信贷作为重要的环境经济政策之一，是金融领域在可持续发展过程中发挥作用的重要体现。通过全面梳理近年来关于绿色信贷的相关研究成果，翔实述评国内外关于上述问题的最新研究成果，为我们深入评估绿色信贷提供参考。国内外现有研究，在以下三个方面具有较大的贡献。

（1）关于银行信贷在宏观经济中的重要作用达成了基本共识，在此基础上，国内外学者分别从银行信贷传导渠道和金融加速器传导渠道对

① Mathieu-Bolh N, Pautrel X. Reassessing the Effects of Environmental Taxation when Pollution Affects Health over the Life-cycle [J]. Economic Modelling, 2016, 52: 310 – 321.

② 陈素梅. 中国燃油税"双重红利"研究 [D]. 北京: 中国农业大学, 2016.

③ 杨升. 我国道路交通环境税政策对居民健康的影响研究 [D]. 北京: 中国农业大学, 2016.

④ 徐双明, 钟茂初. 环境政策与经济绩效——基于污染的健康效应视角 [J]. 中国人口·资源与环境, 2018 (11): 130 – 139.

银行信贷对宏观经济的影响展开了深入的研究，同时，国内学者也证实了我国金融加速器效应的存在，此外，国内外学者主要从微观主体效用和福利损失函数衡量银行信贷对于社会福利的影响。

（2）从商业银行和融资主体视角对绿色信贷展开了深入的研究，主要包括商业银行实施绿色信贷的动机、影响、风险管理以及绿色信贷对企业融资成本的影响等，同时，对绿色信贷产生环境经济效应的研究也陆续开展，为我们开展相关的研究提供了翔实的参考资料。

（3）环境规制效果评估的大量文献为全面系统科学地评估绿色信贷的成效提供了丰富、翔实的研究成果。由于环境经济政策的交叉性特点，需要借助不同学科的方法对于绿色信贷进行评估。现有研究从自然科学、社会科学、公共卫生学等学科视角对此进行了大量实证研究，这就为之后的评估工作提供了大量的参考文献，为评估的科学性提供了保证。

目前，国内外针对绿色信贷进行了广泛研究，得到了很多有益结论，但仍旧存在以下三个主要问题。

（1）对于绿色信贷成效的评价中缺乏对居民健康福利的考量。在关于环境税的评估框架中有涉及居民健康福利的考量，但是，有关绿色信贷的评估文献中缺乏对居民健康福利的考量。绿色信贷作为重要的环境经济政策之一，主要目标是促进资金绿色配置，助推节能减排，而环境污染直接对居民健康产生严重威胁，非常有必要将居民健康福利纳入绿色信贷的评估框架。

（2）在评估绿色信贷的经济产出效应时，现有文献忽略了金融加速器的作用和环境规制的政策背景，通过梳理文献发现，国内学者已经证实了金融加速器机制在我国广泛存在，同时，在我国实际经济生活中，环境税、排污许可证，排放强度控制等在政府主导下，直接作用于企业生产排放行为的环境政策是广泛存在的。因此，在对绿色信贷进行评估时，非常有必要将企业所处的环境政策背景纳入其中。

（3）在评估绿色信贷的成效时，现有文献较多地集中到对"两高一剩"行业的负向激励效应，而较少考察绿色信贷对绿色环保产业的正向激励作用，同时，也只是关注于某种绿色信贷类型，未将数量型和价格型放在同一框架下进行分析。

因此，本书首先梳理国际绿色信贷的起源、发展和实践，探究绿色信贷的本质，总结我国绿色信贷政策的变迁及发展。接着将环境维度纳入经济系统，构建环境和经济系统综合分析框架，从比较静态的视角对绿色信贷的产出和福利效应展开相关的理论分析，以此为基础分析绿色信贷对产出和社会福利的作用机制，考虑到微观企业在绿色信贷中的重要作用，进一步对企业的融资决策行为进行分析，为后续的模型构建和实证分析奠定基础。此外，纳入环境税规制、公共健康，引入企业异质性、投资调整成本和金融加速器机制构建 DSGE 分析框架，对绿色信贷的产出效应和福利效应进行动态理论分析。同时，定量测度激励性绿色信贷（价格型和数量型）政策冲击下宏观经济各变量、健康及效用福利的动态响应路径，系统评估绿色信贷的产出和福利效应，并进一步实证分析不同环境规制、经济结构、生产技术水平下，绿色信贷产出和福利效应的变动情况。

第3章　国际银行业绿色信贷的发展分析

中国的"绿色信贷"源于国际社会上的"可持续金融""环境金融""绿色金融"等，均要求金融部门通过金融工具应对当今复杂社会中所出现的环境和社会挑战。随着经济的快速发展和世界人口的不断增长，随之而来的是越来越严重的环境问题，环境的恶化使经济和社会面临严峻的挑战，影响了各行各业的持续健康发展，金融业也不例外。

3.1　国际"绿色信贷"的起源

国际"绿色信贷"的起源可以追溯到18世纪，一些西方教会为信徒制定一系列严格的投资准则，这些准则涵盖人权、和平等内容，严格限制信徒滥用资本从事不道德交易。股票交易所出现以后，一些教会还明令禁止教徒投资"罪恶股票"（酒精、烟草、赌博等行业），这种投资理念被称为"社会责任投资"，也是"可持续金融"的雏形。

1971年，美国帕斯全球基金成立，该基金被视为第一支真正的社会责任投资基金，首次系统性地提出了规避性投资筛选标准，告诉投资者什么样的公司和项目是不应该投资的。同时，该基金还提出积极性投资筛选标准，鼓励投资者投资那些能对社会做出积极贡献的公司和项目。该基金成立最初的动机是为了规避那些有关军火、战争的投资，为有此类偏好的投资者提供服务。后来将更多的投资基金加入社会责任投资的行业。

各国由于政治背景、文化的差异，对可持续金融的出发点并不相同，例如，意大利、西班牙和法国是把社会作为可持续金融的出发点，而德国和荷兰把环境作为可持续金融的出发点。尽管各国还保持着不同的差异，但是随着可持续金融市场的日益成熟、公众意识的日益增强，主流的可持续投资产品正在超越国界日益趋同。

3.2　国际"绿色信贷"的发展

可持续金融发展初期，银行业认为对环境问题的关注可能会直接增加银行的运营成本，从而间接损害银行的利益，这一阶段可持续金融主要是通过联合国、自律组织等机构发起和倡议的，如赤道原则、经济合作与发展组织的出口信贷与环保新协议等国际倡议及公众的监督等推动其在国际上快速发展，影响力不断扩大。为了推动可持续金融的发展，国外政府综合运用法律、经济、技术和市场等手段，从约束和激励两个层面推动银行业可持续金融的发展。经济手段主要是对新能源、节能环保的技术装备实施财政补贴、税收减免、利率优惠等激励性措施；约束性的法律法规和激励性的经济措施一起形成市场导向机制，同时，公众参与、投诉和独立审查使得银行有压力和动力去实施可持续金融，并进行可持续金融产品的创新。随着可持续金融的不断发展，银行业已从环境保护的行为中不断挖掘增长机会，采取一些积极的手段开展环境友好的业务，不断寻求双赢解决方案。碳金融、环保汽车贷款、节能房屋贷款等可持续金融产品不断涌现，并成为银行业新的盈利增长点。在可持续金融发展过程中，法律法规保障、激励政策引导、环境信息披露、绿色认证与评估等方面不断完善。

3.2.1　法律法规保障

完善的法律支撑是推动绿色信贷发展的有力保障，发达国家政府非常重视环境保护以及劳工权益方面的法律建设，使银行也不得不重视环境保护、劳工权益，进而推动银行业绿色信贷业务的发展。

美国国会自 20 世纪 70 年代以来通过了 26 部涉及水环境、大气污染、废物管理、污染场地清除等有关环境保护的法律，重点规范政府、企业和银行的行为并调节三个方面的关系。最具有代表意义的是美国联邦政府于 1980 年颁布的 CERCLA 超级基金法案，该法案规定银行必须对其客户造成的环境污染负责并支付相应的环境修复费用，这个责任是严格的、连带的和可追溯的。自 20 世纪中后期开始，英国政府从泰晤士河"先污染、后治理"的问题上充分吸取经验，逐步将环境污染治理与预防纳入立法考虑，按照可持续发展、污染者付费、污染预防三个基本原则对《环境保护法》《污染预防法》《废弃物管理法》等法律进行立法设计与完善，现行与环境保护相关的法律法规也对绿色信贷做出相关规定。加拿大有关环境保护的法律政策始于 20 世纪 60 年代，1970 年加拿大成立污染防治办公室，标志着该国治理环境污染、保护环境进入实质性的工作阶段，1988 年出台、1999 年修订的《环境保护法》强调从源头治理污染，这部法律使得加拿大的工商业有了统一的标准来实施清洁生产。德国作为绿色信贷实施最早的国家之一，经过不断地发展完善，绿色信贷法律体系建设日趋成熟，早在 20 世纪 80 年代，德国政府便开始重视环境保护政策等相关法律制度的制定，将气候变化与能源作为发展的核心工作，环境保护与治理在一系列法律支撑下取得良好效果。

3.2.2　激励政策引导

有效的激励机制和法律法规能够提高银行和经济主体执行可持续金融的积极性。为了调动经济主体和银行业金融机构的主观能动性，促进绿色产业和可持续金融的发展，各国实施了多种不同形式的激励政策。

美国的银行是国际上最先考虑环境政策的，为了刺激和促进绿色信贷的发展、引导经济主体主动参与节能减排行为，美国政府出台了一系列积极的支持和鼓励政策，包括税收、财政、信贷担保及援助政策等，同时，金融机构还自发设立环保基金和优惠贷款来支持和鼓励环保事业的发展，并对中小企业从事环保产业或环境友好型产业提供贷款优惠或担保。英国政府也出台了一系列激励政策鼓励绿色信贷的发展，发布《贷款担保计划》，规定政府可根据企业环境影响评估结果为环境友好型企业提供贷款额度 80% 的贷款担保，帮助环境友好型企业获取最高达 7.5 万英镑的贷款，同时，加强科技政策创新，积极推动国内商业银行联合放贷，最终达成 10 亿英镑授信额度以满足该国 50 万家庭的清洁用电需求。德国环境部门为推动绿色信贷在全国范围的普及，鼓励和奖励商业银行为节能型建筑提供贴息贷款，对于环保型项目或企业，给予贷款期限 10 年、贷款利率不到 1% 的信贷优惠，其中利率差额由政府给予贴息补贴。日本为推动绿色信贷的发展实施了一系列积极主动的促进性措施，包括中央政府下属的公共金融机构的优惠贷款、税收优惠政策和政府的直接补贴等，例如，对从事减少原料、再利用、再循环领域研究开发、设备投资、工艺改进等活动的各民间企业给予优惠利率的贷款，非营利性金融机构对设置资源回收系统的企业提供中长期优惠利率贷款，对实施循环经济的企业、项目等，政府给予各种税收优惠等。

3.2.3　环境信息披露

信息不对称是影响金融机构投融资决策的关键障碍，有效的信息沟通和信息披露对于银行业金融机构绿色信贷业务的开展具有重要意义。

20 世纪 70 年代开始，美国联邦政府修订颁布众多有关环境保护的法律，90 年代起建立了比较完备的环境信息披露法律体系。20 世纪 60 年代末颁布的《国家环境政策法》规定，联邦政府及各州、地方政府在制定现行政策时，应充分考虑环境影响和保护问题，应特别注重污染预防，美国环境保护署于 1970 年成立，专程负责全国环境保护工作。1992 年，美国环境保护署在原有会计项目基础上设立全新的环境项目，根据法律法规及政府规章管理规定，企业在实行任何工业项目之前须编制提交环境影响报告，以详细评估项目对环境的潜在影响。通过多年的实践，欧盟为上市公司建立了相对完善的环境信息披露制度，目前，世界上最科学、最全面的报告体系就是欧盟发布的《环境与环境管理审核条例》（EMAS）和环境管理体系 ISO14001。欧盟采用强制性与自愿性相结合的环境信息披露模式，各国对环境信息的披露大多是强制性的，并辅之以自愿性。瑞典于 1999 年强制要求企业评估其业务活动对环境可能造成的影响，并向公众或利益相关者披露与环境有关的财务数据。日本因国土面积狭小、资源匮乏，经济发展面临的环境压力巨大，因此，更加注重环境保护事业的发展，日本政府设置专门的行政法规推动企业主体开展环境评估。例如，政府在批准大型建设项目时，规定企业应对其项目进行环境评估并依照有关法规向公众披露评估结果，以便听取利益相关者的意见并制定更有效的项目计划。为确保采取措施，环境部将严格审查企业的环境评估程序。关于环境报告的编制和披露，日本政府已逐步建立详细而系统的规则。2003 年，日本政府签发《环境报告指南 2003 版》，解释并规定了环境报告的结构、内容以及必须涵盖的相关环境信息。2005 年，日本政府颁布《环境友好行为促进法》，以法律形式明确相关政府机构披露环境信息的强制性及合规性。

3.2.4　绿色认证与评价

绿色信贷所涉及的绿色环保领域，如应对气候变化、改善生态环境、节能减排低碳高效的绿色技术和项目等，具有较强的专业性。此外，绿色项目大多期限长，绿色产业也起步较晚，不确定性因素较多，风险滞后性、隐蔽性强，轻资产特征明显。对政府及金融机构而言都是不小的挑战，面对传统"绿色"标准繁杂、概念宽泛、难以辨识、认证类别繁多等问题，韩国政府为提高绿色产品、技术的科学性和权威性，引导绿色信贷的良性发展，依据《低碳绿色增长基本法》的相关内容，于2010年开始正式实施统一标准的绿色认证制度。由韩国知识经济部主管下的韩国产业技术振兴院负责绿色认证审核和认定，主要分为绿色技术、绿色产品、绿色产业和绿色企业四个方面的认证。绿色产品销售额占30%以上的企业，可向绿色技术评估机构产业技术振兴院提交申请，专家委员会根据评估报告审核批准颁发绿色认证证书。荷兰银行建立《绿色贷款排除名单》，对处于《绿色贷款排除名单》内的项目一律不发放绿色信贷。

除了绿色认证制度，金融机构的投融资决策还取决于其对绿色企业资信状况、偿债能力等信息的了解程度，及对绿色项目的认知程度和发展前景的研判能力。而这些需要在微观金融活动中加强精细化管理，为绿色信贷业务的开展提供信息充分的智力保障。2012年12月，韩国环境部、环境产业技术院、新韩银行共同开发了"绿色金融支援企业评价系统"，发掘培育优良绿色中小企业，提供各项金融领域援助，随后釜山银行、大邱银行等银行陆续加入该系统。荷兰银行根据全球可持续性风险指数对项目的社会环境风险分级，按照分级结果进行差异化尽职调查，决定是否放贷。花旗银行根据"赤道原则"对项目进行环境风险评价：贷款前审核考察项目环境风险、社会风险，对不符合环境社会风险标准的项目采取一票否决制，并对通过的客户进行第三方审查；贷款后密切跟踪资金使用是否符合环保部门的限定范围，当出现环境问题时反馈事故报告，银行对绿色信贷业务进行修改和补充。

3.3 国际"绿色信贷"的实践

3.3.1 美国的绿色信贷实践

美国是世界上绿色信贷开展较早也较为成功的国家之一。这主要是因为美国的非营利组织高度关注环境保护，对政府、企业和银行的政策和行为具有一定的施压作用，在此背景下，美国政府制定了严格的法律法规来约束经济主体的经济活动，引导激励绿色产业的发展，商业银行在进行信贷投放时，需要率先考虑其资金使用所需承担的环境责任，因此，美国的商业银行普遍重视环境与社会风险的管理。

花旗银行是美国最早签署联合国环境声明的一家银行，也是赤道原则的重要发起人和积极实践者。花旗银行在内部建立了完善而严格的环境事务管理机制，包括环境政策和流程培训机制、环境与社会风险管理机制、外部公共和私人事务合作机制以及涉及环保的业务开发机制等。2003 年，花旗银行制定的环境与社会风险管理（environmental and social risk management，ESRM）体系与赤道原则对项目贷款的划分标准相类似，将全球交易分为 A、B、C 三类，凡是属于 A 类的交易，都需要得到指定高级信贷员和环境与社会风险管理总监的共同评估。在这一体系中，突出信贷风险与声誉风险两个角度，并已通用于全世界的交易，对环境和社会风险评估形成一个严格的流程约束。

3.3.2　德国的绿色信贷实践

德国是国际绿色信贷的主要发源地之一，经过不断的发展完善，绿色信贷已经较为成熟，体系也较为完善。德国绿色信贷发展的特点是以政策性银行为基础政府积极开发绿色信贷产品，大力支持绿色信贷的发展，充分挖掘"杠杆效应"。

德国复兴信贷银行是德国政府支持的国家政策性银行，其在国际资本市场上进行融资，德国政府负责对其融资资金进行贴息并打捆形成绿色信贷产品，德国复兴信贷银行测算出盈利利率和优惠利率，将从资本市场融来的资金开发成长期、低息的金融产品销售给各银行，银行获取低息金融产品后根据微利的原则再适度调整利率，然后以优惠的利息和贷款期限为终端客户提供支持环保、节能和温室气体减排的绿色信贷产品和服务。在整个过程中，国家利用较少的资金调动起一大批环保节能项目的建设和改造，"杠杆效应"非常显著。此外，环保部门在绿色信贷的实施过程发挥着重要的审核作用，每个节能环保项目要想得到贴息贷款，必须得到当地或上级环保部门的认可后才能申请。①

3.3.3 日本的绿色信贷实践

作为亚洲新兴国家，日本高度重视环境保护和绿色信贷的发展，20世纪 50~60 年代，日本为了发展经济环境保护并未得到足够的重视，环境污染严重，废气污染引发的哮喘病，水质污染引发的"水银中毒""骨瘤症"等威胁到人们的健康。为了解决以上问题，日本政府不断加强对大气、水质的保护，在金融领域也开始重视环境因素，细化落实赤道原则，不断进行产品创新，引导经济主体的环境友好型行为。

日本瑞穗实业银行和三菱东京日联银行是日本绿色信贷发展较好的两家银行。瑞穗实业银行 2003 年成为日本以及亚洲首家赤道银行，2004年细化落实赤道原则，编制完成《瑞穗实业银行赤道原则实施手册》，制定"行业环境影响筛选表"，详尽编写了针对内部 38 个行业的行业指南细则，2006 年建立绿色发展部门。该银行的主要做法是通过强化产品创新来实现高效的绿色信贷，如参与温室气体排放额度交易机制、进行可再生资源和碳交易方面企业的经纪、推出大宗商品衍生品和专门与生态、环境相关的结构性产品、加强社会责任投资和可再生能源私募基金等。三菱东京日联银行也是日本遵循赤道原则的典型金融机构之一，对于极少有银行涉足的环保型基础设施方面，在日本政府开展援助机制的帮助下，该行积极开展为环境友好型基础设施企业提供信贷支持的相关业务。

---

① 陈柳钦. 国内外绿色信贷发展动态分析 [J]. 全球科技经济瞭望, 2010 (11): 45–56.

3.3.4　韩国的绿色信贷实践

韩国的绿色信贷是政府主导模式下发展起来的，经过不断地探索创新，已经形成了完整的绿色信贷产品体系，绿色信贷的客户群体涵盖了企业和个人。

在个人消费领域，绿色信用卡业务在韩国受到广泛青睐，许多银行和信用卡机构推出了绿色信用卡相关产品和服务，持卡用户在购买绿色认证贴标产品，或在指定的绿色环保场所消费时，所消费金额可享受较为优惠的还款条件（无息、低息或延长分期等），并给予"绿色积分"累积和定期返还奖励等，引导用户更多地践行绿色消费行为。随着"绿色"消费理念越来越受到社会关注和重视，绿色信用卡业务的推出，不仅加速了绿色环保行动，更为银行带来有形与无形的经济效益。例如，韩国企业银行（IBK）推出的将绿色消费行为与碳排放交易挂钩的 Green 信用卡，对加入政府"碳积分"制度的家庭免年费和手续费开通，持卡用户购买绿色认证产品和服务时，不仅可以提供更高的信用额度及优惠的还款条件和借款利率，而且会在碳排放交易市场上购入对等的二氧化碳配额，进行相应的"碳"抵减。在绿色消费的大趋势下，绿色住宅、新能源汽车等个人对绿色贷款的需求不断增大。KEB 韩亚银行的绿色汽车消费贷款项目，针对个人购买高能效或新能源汽车提供优惠贷款，大邱银行的"Eco Loan"项目，面向绿色环保认证房产、新能源、小排量汽车等持有人提供最长可达 30 年的低息个人贷款。[①]

为鼓励企业主体的环境友好型行为，有效降低绿色企业的融资成本，韩国金融机构推出绿色认证项目信贷、合同能源管理（EPC/EMC）、绿色流动资金贷款、节能减排（CHUEE）融资、碳排污权质押融资等业

---

① 王兴帅，王波. 绿色金融发展创新：韩国实践经验与启示 ［J］. 生态经济，2019，5（35）：82 – 87.

务，创新推出以政府奖励或补贴资金账户为质押的"节能补贴贷"、以未来收益权为质押的"收益贷"等产品，带动绿色金融发展。新韩银行面向绿色中小企业提供 1000 亿韩元专项资金，降低信贷担保条件，并根据各企业的评价等级，分别给予 0.4% ~ 1.3% 的贷款利息优惠。韩国国民银行面向绿色成长型中小企业推出的"KB Green Growth"计划，成立了专门的绿色金融业务事业部，积极开展绿色营销，创新绿色金融产品设计。同时，绿色信贷项目不受现有信贷规模限制，绿色信贷单列统计，在业绩考核上也单独评价等。在信贷审批环节上，实现绿色信贷专业审批，绿色项目优先审批，做到既支持到位，又严格监管。①

3.4 本章小结

20 世纪 90 年代以来，人们对环境问题越来越关注，普遍认为除了对环境污染事件的直接制造者企业进行谴责和惩罚之外，还提出为企业投资提供资金支持的商业银行也应承担责任。当商业银行为企业营运项目提供资金支持时，即意味着银行认可企业的项目，银行是企业行为的支持者，因此，银行和其他金融机构在向重大项目提供资金时有责任评估、监督项目的环境和社会影响。

21 世纪初开始，商业银行在环境和社会问题方面的政策执行情况不断受到包括政府、多边贷款机构以及非政府组织和社区民众在内的利益相关方的质疑，要求商业银行提供一些指导方针解决投资项目引起的环境和社会问题。2002 年 10 月，国际金融公司和荷兰银行等 9 家银行在伦敦主持召开会议讨论项目融资中的环境和社会问题，会议提出了赤道原则，它是一套非官方规定的、旨在管理和发展与项目融资有关的社会和

---

① Park S, Han N, Kim E. A Study on the Green Finance and Carbon Finance [J]. The Journal of International Trade & Commerce, 2011 (7): 345 – 363.

环境问题的自愿性原则。赤道原则在国际金融发展史上具有里程碑意义，它第一次确立了国际项目融资的环境与社会的最低行业标准。此后，各国根据各自发展的实际需求不断发展可持续金融，在金融活动中加强对环境和社会风险的重视。

本章梳理了国际上绿色信贷的起源、发展和各国实践，发达国家商业银行开展绿色信贷的行动较早，在法律法规保障、激励政策引导、环境信息披露、绿色认证与评价等方面都积攒了较为丰富的经验，通过本章的梳理能够从国际层面对绿色信贷产生基本的认识，为后续对比分析国内外绿色信贷实施的不同、绿色信贷政策的理论和实证分析等提供基础和指导。

第4章 中国绿色信贷政策变迁及发展分析

与发达国家以商业银行为主体自下而上的市场化绿色信贷相比，我国的绿色信贷更多的是在政府主导下，自上而下推动实施的。我国的绿色信贷是基于我国经济增长与环境保护的现实情况在一定理论基础上提出的，同时，我国的绿色信贷政策均是由原环保部、人民银行、原银监会、国家发改委等监管部门发布，以限制性、约束性的行政手段为主，来推动商业银行的绿色信贷实践。因此，本章主要是从现实背景和理论背景出发，梳理我国绿色信贷产生的背景，同时，从时间维度对我国绿色信贷政策的发展历程进行整理，在此基础上，总结我国绿色信贷发展的特征、障碍及机遇，为下面的理论和实证分析奠定基础。

4.1 中国绿色信贷产生的背景

4.1.1 绿色信贷产生的现实背景

中国经济经过长时间的发展，取得了世界瞩目的成就，极大地提高了人民的生活水平，但是，粗放式的经济增长方式是以巨大的能源消耗为代价的。作为国家战略性资源，能源构成一个国家经济增长和社会发展的重要物质基础，但是，我国以煤炭为主的能源消费结构给环境造成了严重的威胁，我国大气污染特征的演变历程（见表 4 – 1）显示，燃煤一直是我国大气污染的主要污染源，近年来，随着城市机动车的增加，汽油在我国能源消费中的占比逐渐提升，煤炭型污染逐渐向煤炭、石油型的复合型污染转变。随着我国经济的持续快速增长和人民生活水平的不断提高，对能源的需求不断上升，而我国现有的能源消费结构在未来较长一段时间内都不会发生根本性的变化，这就对我国环境状况以及公共健康福利水平造成了严重威胁。《2019 年中国生态环境状况公报》显示，2019 年全国 337 个地级以上城市中，157 个城市环境空气质量达标，占全部城市数量的 46.6%；180 个城市环境空气质量超标，占 53.4%；337 个城市累计发生重度污染 1666 天，比 2018 年增加 88 天；全国地表水监测的 1931 个水质断面（点位）中，Ⅰ ~ Ⅲ类水质断面（点位）占 74.9%，劣Ⅴ类占 3.4%，主要污染指标为化学需氧量、总磷和高锰酸盐指数。截至 2019 年底，全国耕地质量平均等级为 4.76 等，[①] 其中，一等至三等耕地面积为 6.32 亿亩，占耕地总面积的 31.24%；四等至六等为 9.47 亿亩，占 46.81%，七等至十等为 4.44 亿亩，占 21.95%。

表 4 –1 中国大气污染主要特征的演变历程

指标	1949 ~ 1990 年	1990 ~ 2000 年	2000 ~ 2009 年	2010 年至今
污染源	燃煤、工业	燃煤、工业、扬尘	燃煤、工业、机动车、扬尘	燃煤、工业、机动车、扬尘、生物质焚烧、土壤尘、二次无机气溶胶
污染物	SO_2、TSP、PM_{10}	SO_2、NO_x、TSP、PM_{10}	SO_2、PM_{10}、$PM_{2.5}$、NO_x、VOCs、NH_3	$PM_{2.5}$、PM_{10}、O_3、CO、NO_2、SO_2、NO_x、VOCs、NH_3
大气问题	煤烟尘	煤烟尘、酸雨、颗粒物	酸雨、煤烟尘、光化学污染、灰霾	灰霾、细颗粒物、光化学污染、臭氧、煤烟、酸雨、有毒有害物质

---

① 耕地质量等级评定依据《耕地质量等级》（GB/T 33469 – 2016），划分为 10 个等级，一等地耕地质量最优，十等地耕地质量最差。一等至三等、四等至六等、七等至十等分别划分为高等地、中等地、低等地。耕地质量等级解释来源于《2019 年中国生态环境状况公报》。

指标	1949~1990 年	1990~2000 年	2000~2009 年	2010 年至今
污染方式	工业生产	工业生产、城市建设	工业生产、城市建设、移动污染	工业生产、城市建设、移动污染、生活污染
污染尺度	局部	局部 + 区域	多城市 + 跨区域	广覆盖 + 跨国
污染区域	工业基地	部分城市	东南部大范围地区	大部分城市区域
污染频率	偶尔	较少	较多	频繁

资料来源：王冰，贺璇．中国城市大气污染治理概论 [J]．城市问题，2014（12）：2－8.

环境污染问题不仅直接影响人们的生活水平，还会威胁经济的后续发展，因此，转变高耗能、高污染的经济增长方式，大力推进节能减排，发展以低能耗、低污染、低排放为标志的低碳经济和绿色经济，实现绿色发展，正在成为中国经济发展的必然选择。我国政府提出建设资源节约型和环境友好型社会，党的十七大报告中提出要"坚持节约资源和环境保护的基本国策"，党的十八大报告中提出"推进绿色发展、循环发展、低碳发展"，党的十九大报告中指出"建设生态文明是中华民族永续发展的千年大计"，将环境保护、绿色发展提高到了战略高度，也为中国经济增长从传统工业化到新型工业化模式的转变提供了良好的机遇。

金融作为现代经济的核心，是一种与社会经济制度紧密相关、相互影响、互为因果的支撑因素。随着传统经济发展方式向绿色低碳经济逐步转型，金融也必然要走向绿色化，绿色金融已经成为现代金融发展的必然趋势。我国现阶段银行信贷为主的间接融资方式占据融资市场的主体地位，银行信贷的投向在很大程度上决定了资金等生产要素的流向和配置，绿色信贷成为绿色金融最为重要的组成部分。绿色信贷政策背景下，银行在信贷管理中强调企业的环境表现，对环境友好型、资源节约型企业给予贷款，对高耗能、高污染企业不予贷款，发展绿色信贷，成为时代赋予银行业的重要使命。

4.1.2　绿色信贷产生的理论背景

绿色信贷是新时代背景下银行业金融机构的必然选择，同时，绿色信贷的提出是建立在一系列理论基础之上的。

4.1.2.1　商业银行资产负债管理理论

商业银行作为特殊的企业，在生产经营过程中要遵循流动性、安全性和营利性三项原则，但是，这三个原则之间存在一定的矛盾，例如，流动性强、安全性较高的资产，营利性一般较差。商业银行资产负债管理理论就是商业银行为了实现"三性"原则的统筹兼顾，寻求最优化组合而采取的经营管理方法，随着商业银行自身经营状况和外部经营环境的变化，资产负债管理理论和方法也在不断地更新。绿色信贷是商业银行对传统经营管理方法的继承和拓展，顺应了我国经济绿色转型，走可持续发展道路的时代趋势。

20 世纪 60 年代以前，商业银行经营管理的焦点在资产业务。这是因为，在这一时期商业银行的存款类型、存款利率和可利用的非存款性资金来源是受到严格监管的，商业银行对重新组织资金来源只有有限的自由度，因此，银行的负债部分是不可控的外生变量。同时，银行发放贷款的资产业务一旦出现还款困难，极易造成流动性风险，甚至危及商业银行的生存，因此，商业银行主要通过资产方面的调整和组合来实现"三性"原则和经营目标，由此形成了资产管理理论。

20 世纪 60 年代以后，西方各国经济得到迅速发展，对商业银行的信贷需求也急剧上升，为了抢占市场，商业银行在市场上借入资金，主动负债，来满足迅速增长的贷款需求，此时商业银行经营管理的重点转向负债业务，即通过调整资产负债表中的负债方项目，通过在货币市场上的主动负债，或者购买资金来支持银行资产的扩张，实现商业银行的"三性"原则和经营目标，由此形成了负债管理理论。负债管理使商业银行降低了流动性资产的储备水平，提高了资产的盈利能力，但负债管理也增大了银行的经营风险和经营成本。

20 世纪 70 年代，布雷顿森林体系崩溃，固定汇率制度发生变革，使得市场利率剧烈波动。1973 年，西方国家发生了严重的通货膨胀，资产价格剧烈波动，负债管理在负债成本和经营风险上的压力越来越大，因此，一种更高层次的系统管理——资产负债综合管理占据了主导地位。资产负债综合管理是一种相机抉择的资金管理方式，资产负债综合管理理论认为，单靠资产管理或负债管理都难以达到流动性、安全性、营利性的最优均衡，只有兼顾资产项目和负债项目，通过对资产和负债的整体规划、协调管理，才能够控制市场利率波动的风险，保持资产的流动性，实现预期净值最大化的目标。

在利率和经营活动自由化、金融创新不断涌现以及衍生交易增加的背景下，商业银行面临的经营风险大大增加，使得商业银行寻求更为全面综合的资产负债管理办法来提高自身的风险管理水平，从而最大限度地实现"三性"目标。此外，《巴塞尔协议》和《全面风险管理框架》的提出，也为商业银行构建综合风险管理框架提供了借鉴和指引，风险管理理念在银行的资产负债管理中越来越受到重视，而随着环境问题的日益凸显，环境风险引起了商业银行经营管理者的关注，开始意识到与市场风险、信用风险等类似环境风险也会影响到商业银行的经营目标的实现，在日常经营管理中，非常有必要评估和审查企业的环境保护行为，来确保商业银行安全性和流动性目标的实现，由此，诞生了国际公认的"赤道原则"，随之绿色信贷得以不断发展。可见，绿色信贷是商业银行资产负债管理理论的延伸和扩展，并且在当前我国绿色发展理念的大背景下，商业银行在经营管理中更加注重环境风险的管理，将其纳入资产负债综合管理体系，构建更加完备的商业银行资产负债管理理论和体系。

4.1.2.2 金融功能观

金融功能观（financial functional perspective）源于 20 世纪 80 年代

学者们对金融在经济系统中作用的研究和探讨。金融功能的发挥受到
金融系统发展状况即外部环境的影响，是金融系统与外部环境相互作
用下表现出来的对经济系统的功效和能力。金融功能是连接金融与经
济的重要桥梁，是将金融作用于经济的直观结构与观测器。金融功能
观由默顿和博迪（Merton and Bodie，1995）① 正式提出，他们认为，在
金融体系中相较于金融机构，金融功能更加稳定，即在地域和时间跨度
上金融功能的变化比金融机构的变化更小，并且金融功能比金融机构的
组织形式更重要，金融机构只有通过不断地创新和竞争才能使金融体系
具有更强的功能和更高的效率。② 金融功能观的核心观点是：金融体系
是一个具有固有功能的系统，能够在不确定的环境中实现资源的时间和
空间配置（Crane et al.，1995；殷剑峰，2006）。③④ 这是金融系统在经
济运行中最为基本的功能，在此基础上，可以将金融系统的功能细分为
六种：支付清算和结算功能、积聚资源和分割股份功能、跨时空的资源
转移功能、风险管理功能、提供信息功能和提供激励功能（Levine，
1997）。⑤

　　随着金融体系的发展和完善，金融在经济系统中的地位和作用越来
越重要，金融功能观也引起了广泛关注，学者们纷纷从不同的视角出发，
研究和探讨金融在经济系统运行中的功能，但是尚未达成一致意见。莱
文（Levine，1997）认为，金融在经济发展中发挥的功能主要包括：动
员储蓄、促进风险改善、促进交易、资源配置、加强企业控制等，⑥ 艾
伦和盖勒（Allen and Gale，1999）则认为，经济系统中金融的功能主要

---

① Merton R C，Bodie Z. The Global Financial System：A Functional Perspective ［M］. Boston：Harvard Business School Press，1995.

② Merton R C. A Functional Perspective of Financial Intermediation ［J］. Financial management，1995：23 - 41.

③ Crane D B，Froot K A，Mason S P，et al. The Global Financial System：A Functional Perspective ［M］. Boston：Harvard Business School Press，1995.

④ 殷剑峰. 金融结构与经济增长 ［M］. 北京：人民出版社，2006.

⑤⑥ Levine R. Financial Development and Economic Growth：Views and Agenda ［J］. Social Science Electronic Publishing，1997，35（2）：688 -726.

体现在分散风险、信息提供和企业监控。① 国内学者孙立坚等（2004）将金融功能界定为信息生产、公司治理、投融资、流动性供给、风险分散和价格发现，并从这六大金融功能出发，揭示中国金融体系的脆弱性对实体经济的影响机制。② 徐良平等（2004）基于金融功能观梳理了金融与经济关系的相关研究，提出了金融经济关系研究的功能性分析框架，将金融功能分为基本功能和辅助功能。③

学者们从不同的视角出发，对金融具体的功能进行不同的分类和表述，但其实这些表述之间并没有实质性的差别，主要是观察视角与抽象层次的差别。白钦先和谭庆华（2006）根据这些功能在金融体系中所处的位置，将金融功能划分为四个具有递进关系的层次：基础功能、核心功能、扩展功能和衍生功能，如图4-1所示。金融的基础功能主要包括服务功能和中介功能，其中，服务功能主要表现为经济系统运行提供便利，如货币兑换服务、汇兑结算服务、财富保管服务等；中介功能主要是指对资金需求者和资金供给者进行被动的资金调节，是资源配置功能的萌芽状态；金融的核心功能是指资源配置功能，资源配置功能更多地体现是对资产和负债的主动创造，整合集聚经济中闲散资金，引导其流向更有价值的领域，实现资源的有效配置；金融的扩展功能主要包括经济调节和风险规避，经济调节主要是指宏观经济政策通过金融体系的传导实现对经济调节的目标，风险规避主要是指金融系统的风险分散；金融的衍生功能主要包括风险交易、信息传递、公司治理、引导消费、区域协调、财富再分配等。金融功能四个层次的递进过程也是经济金融系统逐步发展的过程，同时，金融功能的四个层次是相互关联、相互影响的。

---

① Allen F, Gale D. Diversity of Opinion and Financing of New Technologies [J]. Journal of Financial Intermediation, 1999, 8 (1-2): 68-89.

② 孙立坚，牛晓梦，李安心. 金融脆弱性对实体经济影响的实证研究 [J]. 财经研究，2004, 30 (1): 61-69.

③ 徐良平，黄俊青，覃展辉. 金融与经济关系研究的功能范式：一个初步分析框架 [J]. 经济评论，2004 (1): 63-67.

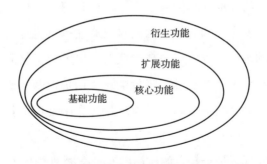

图 4 - 1　金融功能的四个层次

资料来源：白钦先，谭庆华．论金融功能演进与金融发展 [J]．金融研究，2006（7）：41 - 52.

　　绿色信贷是金融核心功能资源配置功能的主要体现，经济运行本质上是价值生产和流动的过程，而金融在经济运行中主要是便利价值流动的基础上进一步便利价值的生产，并直接引导价值流动从而促进价值生产（白钦先和谭庆华，2006），[①] 资源配置对价值的生产有着举足轻重的作用。绿色信贷政策下，商业银行通过主动的资产创造业务对项目进行选择，将资金资源引导到资源节约、绿色环保类企业和项目，为节能环保产业提供大量优惠的资金支持，促进其价值的生产，实现资源的绿色化配置，进而为我国经济的绿色转型和可持续发展提供坚实的资金支持。

4.1.2.3　绿色金融理论

　　在国际上，与绿色金融概念相接近的是"可持续金融"（sustainable finance），主要是指金融机构在经营管理、产品创新和业务流程中纳入对环境因素的考察，从而实现自身经济利益和社会效益的协调统一。

　　传统的效率市场理论认为，金融市场可以使市场达到资源配置的最优状态，但是这种最优状态并没有考虑经济活动对环境的负外部性影响。

----

　　① 白钦先，谭庆华．论金融功能演进与金融发展 [J]．金融研究，2006（7）：41 - 52.

在绿色金融中，将环境因素纳入金融系统的运行，金融机构在经营管理中注重营利性、安全性和流动性的同时也要注重自身经营对社会效益尤其是环境效益的影响，改变过去高能耗低产出重数量轻质量的金融增长模式，逐步向有利于节约资源、降低能耗、增加效益、改善环境的金融增长方式转变。绿色金融是绿色发展理论在金融部门的具体应用，从金融机构的视角对绿色发展的路径进行了设计。金融作为现代经济的核心，在绿色发展中发挥着举足轻重的作用，通过金融机构的有效运作，可以大大提高资源绿色化配置效率，从而为绿色发展提供重要的资源支持。此外，绿色金融是在金融创新的推动下发展起来的，金融机构在绿色发展的理念下开发一系列的金融产品和服务，影响企业的融资成本，进而影响企业的投资流向，最终对宏观经济运行、社会福利产生重要影响。

经济活动产生的环境污染问题不仅对居民的健康福利产生严重的威胁，还对经济系统的运行产生严重的负外部性影响，环境污染下私人承担的成本小于社会成本，市场手段的自发调节容易出现失灵甚至无效的情况。绿色金融在金融机构的风险管理中纳入环境风险，借助市场机制、政府管制、行业自律、社会监督等多重力量，能解决市场失灵，还能规避政府可能出现直接管控的失灵，从而推进经济的绿色可持续发展。纵观绿色金融理论的发展历程，绿色金融是一个实践在先，理论发展在后的领域。20 世纪 70 年代，全球生态环境日益恶化，人口数量持续增加，资源消耗不断增加，人们逐渐意识到环境保护的重要性，在此背景下，专门为环境保护和污染治理项目提供融资的国际金融机构和环保组织陆续成立。20 世纪 90 年代末，随着《联合国气候变化框架合约》和《京都议定书》的签订，绿色金融逐渐成为世界各国关注的焦点。2000 年，《美国传统词典》将"绿色金融"定义为环境经济和自然保护行动的一部分，同时学者们也开始关注绿色金融工具产品的设计及定价、环境风险识别等。2002 年 10 月，国际金融公司联合荷兰银行等 9 家商业银行制定了《环境与社会风险的融资指南》，即"赤道原则"，全球大型融资项目的 90% 以上都遵循 "赤道原则"。随着绿色金融实践的进一步深入,学者们对绿色金融资产定价和审核、环境风险和机遇的识别,环境风险管理、金融工具创新等的研究继续深化,同时,一些金融机构制定了初步可行的评估体系和计算方法以判断本国的绿色金融发展水平,如道琼斯可持续性群组指数、日本的 MS-SRI 指标体系等。

现阶段,我国资本市场和保险市场尚未充分发展,使得我国的融资结构主要以间接融资为主,因此,我国全面发展实施绿色金融理念必须以间接融资市场为主要平台,这就意味着绿色信贷在我国实现绿色经济转型,可持续发展的历程中将发挥举足轻重的作用。在绿色信贷中,环境因素将成为一种可以利用的资源,商业银行不再仅是承担资金资源配置功能的金融中介,还将会对风险资源和环境资源进行优化配置,并从中获得新的发展机遇和竞争优势。商业银行对资金、风险及环境资源的优化配置,有利于引导资金的流向和公众的投资行为,有利于社会环境和福利的改进,有利于我国绿色经济转型及可持续发展的实现。

4.2　中国绿色信贷的政策变迁

近年来,我国建立了全球第一个比较完整的绿色金融政策框架和市场体系,实现了在绿色金融领域从追赶到引领的重大转变(马骏等,2018)。① 在绿色信贷领域,中国人民银行、原银监会、原环保部相继出台了大量绿色信贷相关政策,已经形成了相对完善的政策体系。在战略上,高度肯定了绿色信贷的价值,对绿色经济发展的引导意义。我国绿色信贷在政策制度方面的发展,整体上可以划分为以下三个阶段,如图 4 - 2 所示。

---

① 马骏,程琳,谢文泓. 中国在绿色金融领域的全球影响力 [J]. 清华金融评论,2018 (12):56 - 58.

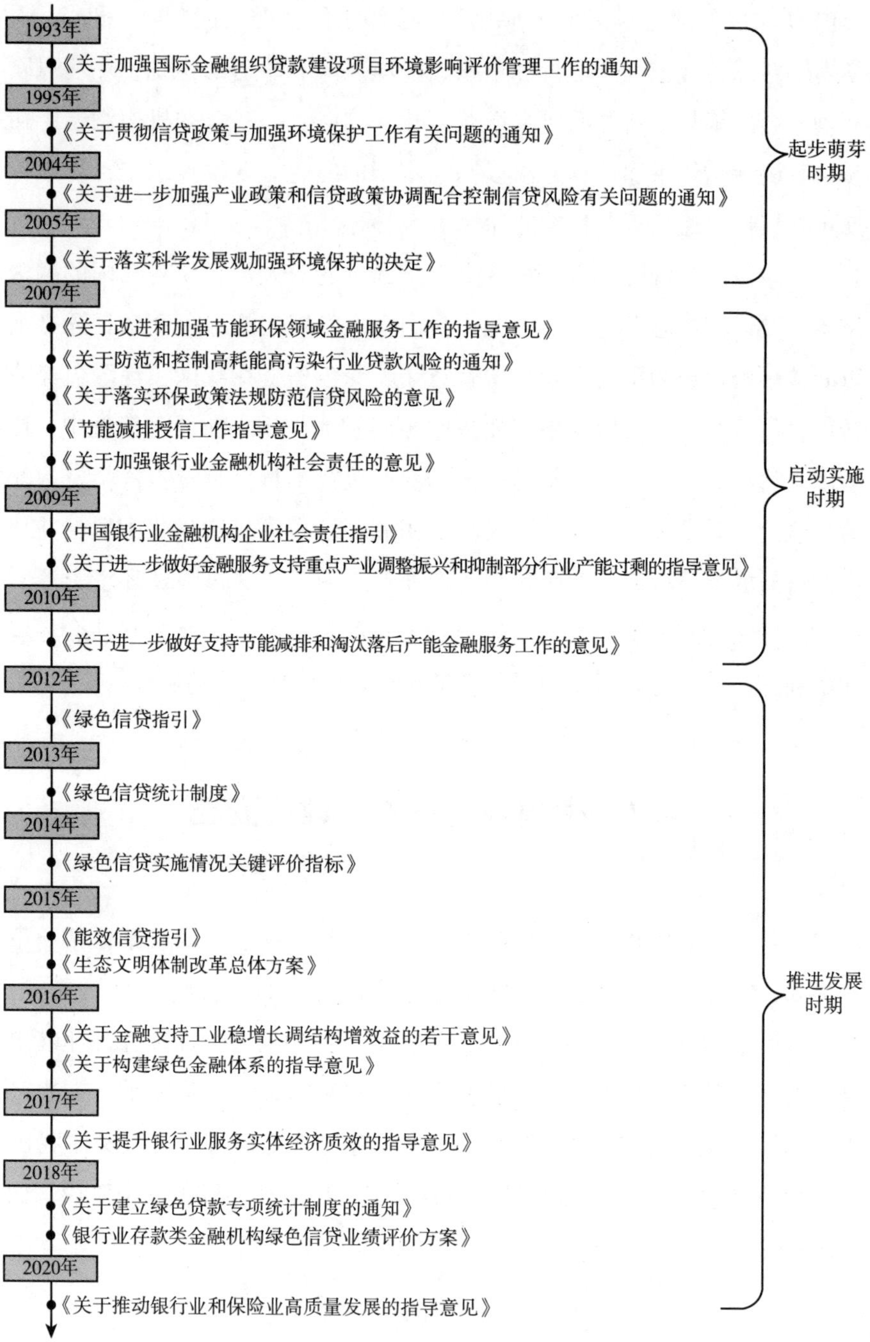

1993年
● 《关于加强国际金融组织贷款建设项目环境影响评价管理工作的通知》
1995年
● 《关于贯彻信贷政策与加强环境保护工作有关问题的通知》
2004年
● 《关于进一步加强产业政策和信贷政策协调配合控制信贷风险有关问题的通知》
2005年
● 《关于落实科学发展观加强环境保护的决定》

起步萌芽
时期

2007年
● 《关于改进和加强节能环保领域金融服务工作的指导意见》
● 《关于防范和控制高耗能高污染行业贷款风险的通知》
● 《关于落实环保政策法规防范信贷风险的意见》
● 《节能减排授信工作指导意见》
● 《关于加强银行业金融机构社会责任的意见》
2009年
● 《中国银行业金融机构企业社会责任指引》
● 《关于进一步做好金融服务支持重点产业调整振兴和抑制部分行业产能过剩的指导意见》
2010年
● 《关于进一步做好支持节能减排和淘汰落后产能金融服务工作的意见》

启动实施
时期

2012年
● 《绿色信贷指引》
2013年
● 《绿色信贷统计制度》
2014年
● 《绿色信贷实施情况关键评价指标》
2015年
● 《能效信贷指引》
● 《生态文明体制改革总体方案》
2016年
● 《关于金融支持工业稳增长调结构增效益的若干意见》
● 《关于构建绿色金融体系的指导意见》
2017年
● 《关于提升银行业服务实体经济质效的指导意见》
2018年
● 《关于建立绿色贷款专项统计制度的通知》
● 《银行业存款类金融机构绿色信贷业绩评价方案》
2020年
● 《关于推动银行业和保险业高质量发展的指导意见》

推进发展
时期

图 4 - 2　中国绿色信贷政策发展历程

资料来源：笔者整理得到。

4.2.1 第一阶段（1993 ~ 2005 年）：起步萌芽时期

1993 年 6 月 21 日，国家计划委员会、财政部、中国人民银行及国家环保局联合发布了《关于加强国际金融组织贷款建设项目环境影响评价管理工作的通知》，对贷款项目的环境影响评价提出了比较完整的程序和要求，其中，将《环境影响报告书》列为企业申请贷款时办理手续的必要文件之一。1995 年 2 月，为推动经济建设和环保事业协调发展，中国人民银行发布了《关于贯彻信贷政策与加强环境保护工作有关问题的通知》，要求各级金融部门要重视、支持自然资源和环境保护，并在信贷工作中体现出来；还要求银行在审核发放贷款时考虑污染防治和生态资源保护的因素，这是在新的发展形势下，我国加强环保工作的重要举措。1996 年 3 月，国务院出台《中华人民共和国国民经济和社会发展"九五"计划与 2010 年远景目标纲要》，确立了"绿色发展"的基本国策。2004 年，人民银行、原银监会、国家发改委联合发布了《关于进一步加强产业政策和信贷政策协调配合控制信贷风险有关问题的通知》，对金融机构明确了提出了以下几点要求：各金融机构要立即停止对属于禁止类目录建设项目的各种形式的新增授信支持；对于属于限制类目录中的待审批建设项目，需立即停止审批工作；对已实施的项目，要采取妥善措施予以收回；对于拟建项目，全部停止建设；在建项目暂停建设的，由各级投资主管部门进行整顿清理、分类处理区别对待；在整顿清理过程中，各金融机构要停止给予新的各种形式的授信支持。2005 年 12 月，我国政府又发布了《关于落实科学发展观 加强环境保护的决定》，再次强调金融部门要制定有利于环境保护的金融政策。在这一阶段（起步萌芽时期）金融机构监管部门开始关注环境问题，要求金融机构在信贷管理中加强对环境问题的审核，政策主要集中在宏观层面，对微观主体信贷的可获性产生影响，进而影响宏观产出和社会福利。

4.2.2 第二阶段（2007～2010年）：启动实施阶段

2007年以后，为了推动绿色经济发展，我国对环境保护和经济发展的协调关系更加重视，将行政手段与经济手段有机结合起来。2007年6月29日，为了进一步严格控制对高能耗、高污染行业的信贷投入，中国人民银行下发了《关于改进和加强节能环保领域金融服务工作的指导意见》，将环保评估的审批文件列为授信使用的条件之一，要求各银行类金融机构要认真贯彻国家环保政策、严格授信管理、加快落后产能和工艺的信贷退出步伐。

2007年7月15日，原银监会发布《关于防范和控制高能耗高污染行业贷款风险的通知》，指出商业银行在贷前调查、贷中审查和贷后检查方面，加强对高能耗、高污染行业贷款的严格把关。2007年7月30日，原国家环保总局、原银监会和中国人民银行共同发布的《关于落实环保政策法规 防范信贷风险的意见》中，第一次提出"绿色信贷"的理念，指出银行业金融机构需要根据环境保护相关部门的通报情况，在信贷管理业务中进一步加强贷款审批、发放、监督等环节中对环境因素的考察，为银行业金融机构支持节能减排提供了政策依据。2007年11月23日，原银监会印发了《节能减排授信工作指导意见》，要求银行业金融机构要从战略规划、内部控制、风险管理、业务发展着手，进一步防范高耗能、高污染带来的各类风险。2007年11月，原银监会发布的《关于加强银行业金融机构社会责任的意见》指出，节约资源、保护和改善自然生态环境是银行业金融机构社会责任的重要内容。2007年，我国相继颁布的一系列政策文件阐明了发展绿色信贷的紧迫性和重要性，标志着环境保护在国家意志层面的强化，标志着我国绿色信贷的正式起步，为完善环境保护相关法律法规、提升绿色信贷的法律地位提供了非常有利的条件。

2009年，中国银行业协会发布了《中国银行业金融机构企业社会责任指引》，提出了银行业金融机构在经营管理中要承担企业社会责任，并从制度建设和管理层面提出相应的建议；2009 年 12 月 23 日，中国人民银行、证监会、原银监会和原保监会共同发布了《关于进一步做好金融服务支持重点产业调整振兴和抑制部分行业产能过剩的指导意见》，对产能过剩行业的信贷投放，明确提出要求严格控制，并指出要增加对环境保护产业的支持力度，指导意见鼓励银行业金融机构创新有利于激发微观企业节能减排的金融产品，以此来支持中国经济的绿色转型。2010 年 5 月 8 日，原银监会和中国人民银行共同下发了《关于进一步做好支持节能减排和淘汰落后产能金融服务工作的意见》，在该意见的指导下，各级金融机构根据自身特点制定相应的业务细则和指引，在信贷业务上更多地向有利于环境保护的产业倾斜，加强信贷业务中的环境风险管理。这一系列指导意见的出台发布，为促进我国绿色信贷发展提供更完整的制度保障。

4.2.3　第三阶段（2011 年至今）：推进发展阶段

"十二五"时期，我国经济和社会发展又站在了新的历史起点。面对新的形势和任务，2012 年 2 月 24 日，为了配合国家节能减排战略的实施，原银监会印发了《绿色信贷指引》（以下简称《指引》），要求贯彻落实《"十二五"节能减排综合性工作方案》《国务院关于加强环境保护重点工作的意见》等宏观调控政策，进一步发挥金融机构在我国环境保护中的重要作用，要求银行业金融机构认真落实《指引》的相关指示，引导信贷资金流向环境友好型产业，增加对低碳、循环、绿色经济的支持力度，防范管理信贷业务中的环境风险，优化资源配置，更强调要进一步完善银行环境风险管理制度及体系，预示着绿色信贷政策将要加快实施，力求实现更大成效。

2013 年，原银监会推出绿色信贷统计制度，明确提出了 12 类节能环保项目和服务的绿色信贷统计范畴。2014 年 6 月，为了完善绿色信贷考核评价体系，探索将绿色信贷实施成效纳入机构监管评级的具体办法，原银监会发布了《绿色信贷实施情况关键评价指标》，根据该指标做出的评价结果将作为衡量银行业金融机构准入条件、员工履职评价和业务发展的重要因素，这一评价指标的出台为从银行层面进行绿色评级提供了有利条件。2015 年 1 月 19 日，原银监会和国家发改委联合发布《能效信贷指引》，指导银行业金融机构在信贷业务中支持引导微观企业提高能源利用效率，加强技术改造，降低能源消耗，减少污染排放，以此为经济的绿色可持续发展贡献力量。

2015 年 9 月 11 日，中共中央、国务院印发了《生态文明体制改革总体方案》，着重提出了建立绿色金融体系，推广绿色信贷，研究财政贴息等方式，加大对绿色经济扶持力度，鼓励各类金融业相关机构给予绿色信贷更大的支持力度，明晰贷款人的环境保护法律责任和尽职免责要求。

2016 年 2 月 14 日，人民银行等八部委联合印发《关于金融支持工业稳增长调结构增效益的若干意见》，提出推动加快工业信贷产品创新，扩大能效信贷、排污权抵押贷款、未来收益权质押贷款、碳排放权抵押贷款等绿色信贷业务的范围，鼓励对绿色环保项目和服务给予更大支持。2016 年 8 月 31 日，财政部、原环保部、国家发改委、原银监会、原保监会、证监会、中国人民银行联合印发了《关于构建绿色金融体系的指导意见》，强调构建绿色金融体系的主要目的是激励和动员更多社会资本投入绿色产业，同时更有效地抑制对环境污染性产业的投资，支持绿色金融发展，提出了一系列包含设立国家绿色发展基金、再贷款、专业化担保机制等激励性措施来激发和勉励经济主体的绿色投融资行为。2017 年 4 月，原银监会印发《关于提升银行业服务实体经济质效的指导意见》，鼓励银行类金融机构通过绿色信贷资产转让等方式多渠道筹集资金，加大绿色信贷投放，重点支持低碳、循环、生态领域融资需求。2017 年 6 月 14 日，国务院第 176 次常务会议审议通过了广东、浙江、新疆、江西、贵州五省（区）绿色金融改革创新试验总体方案，决定在这五省（区）中部分地区设立绿色金融改革创新试验区，中国绿色金融的发展迈入"自上而下"的顶层设计和"自下而上"的区域探索相结合的新阶段。

2018 年 1 月，中国人民银行发布《关于建立绿色贷款专项统计制度的通知》，自 2018 年 3 月起实施，旨在通过引导金融机构加强绿色信贷基础统计能力，建立有效的绿色信贷考核评价体系。2018 年 7 月，中国人民银行发布了《中国人民银行关于开展银行业存款类金融机构绿色信贷业绩评价的通知》并内附《银行业存款类金融机构绿色信贷业绩评价方案》（以下简称《方案》），确定了标准方法与指标体系，作为人民银行及其分支机构评价其辖区内银行业存款类金融机构绿色信贷业绩发展情况的基础依据。2018 年为《方案》的试行期，每季度开展一次评价，人民银行分支机构研究部门需在每期考核完成后 10 日内将评价结果报送人民银行研究局。2020 年 1 月，银保监会发布《关于推动银行业和保险业高质量发展的指导意见》，指出要积极发展能效信贷、绿色信贷证券化，稳妥开展环境权益和生态补偿抵质押融资。2020 年 12 月，第四季度货币政策例会首次提及"促进实现碳达峰、碳中和为目标完善绿色金融体系"。

4.3　中国银行业绿色信贷的发展动力

4.3.1　应对外部政策及各利益相关者的压力需要

中国绿色信贷政策是以赤道原则为蓝本，由中国人民银行、原银监会和原环保总局联合推动提出的。绿色信贷政策目标是引导商业银行贷款流向低碳、绿色和环保项目，实现资金的"绿色配置"。中国的绿色信贷政策并不具备法律效应，只是一项引导银行积极参与绿色信贷的政策，政府不能干预银行的市场经营行为，银行在信贷决策过程中仍然是独立自主的，保有经营自主权。虽然如此，绿色信贷的相关制度（如绿色信贷统计制度、业绩评价制度）势必会对商业银行的经营行为产生激励和引导。同时，相关的环境保护领域法律法规明确了商业银行环境风险的边界和范围，从外部给予银行业金融机构绿色信贷业务一定的压力。此外，商业银行是整个宏观经济运行中的一个组成部分，与各经济主体（政府、股东、债权人、公众等）存在利益关联，商业银行能够为各利益相关者创造和提供令其满意的利益回报，同时，商业银行必须以各利益相关者对其投入的足够资源为基础来创造和获得生存发展的机会。随着经济的快速发展，自然资源消耗和生态环境破坏日益严重，人类生存环境也随之日益恶化，社会各界也越来越关注环境污染问题，在与金融机构的各种金融往来中对绿色信贷起到一定的监督作用。

4.3.2　商业银行追求经济利益的结果

商业银行是以追求最大利润为目标，以经营金融资产和负债为对象的特殊企业，并以自身的经营成果对股东负责。当前在世界范围内，传统商业银行业务受到强烈冲击，银行间的竞争日趋激烈。绿色信贷作为一项金融创新，能够使商业银行获得绿色经济所带来的商业价值和投资机遇，在内部管理、经营模式、金融产品和解决方案等方面有所突破和创新。商业银行开展绿色信贷业务有助于扩大市场份额、增加利润、吸引顾客并获得顾客忠诚、提升品牌形象、巩固与外部利益相关者的合作关系、获得媒体的正面关注以及更多的经营许可等。而且从长远角度来看，节能环保行业对商业银行来说也是潜在的商机，绿色经济、循环经济、新能源、新材料等产业是新兴产业，银行在此领域的贷款投放将成为其参与同业竞争的巨大优势。此外，由于国家对环境的治理与监督会越来越严格，商业银行信贷中的环境风险将进一步加大，而严格地实行绿色信贷则可以大大降低这种风险，从而降低不良贷款率，提高资产质量。

4.3.3　提高环境风险防范能力的需要

商业银行面临的风险种类繁多，并且随着社会的发展而不断发展。

长期以来，商业银行对信用风险更为重视，对其他风险关注较少，特别是环境风险通常被认为是企业面临的问题，没有引起银行业足够的重视。事实上，银行自身的利益与环境保护紧密相关，信贷资产的环境风险是商业银行必须直面的问题。银行涉及的环境风险可能是直接的风险，即银行本身的经营行为产生的环境问题，也可能是间接风险，即借款人或其投资行为会对环境和资源产生影响，从而牵涉金融机构，这种风险通常与由于不良贷款或投资行为不当引起的环境经济损失相关。银行需要承担客户因环境问题失去还贷能力、因客户的环境问题承担连带责任以及因客户的环境问题影响银行声誉等风险。推行绿色信贷，把环境和社会责任标准融入商业银行的经营管理活动，对环境和社会风险进行动态评估和监控，为商业银行管理或转移环境风险提供了可行的路径，同时也可以有效避免政府、公众、非政府组织等利益相关者的反对，有利于降低政治风险。

4.3.4　有效履行社会责任的结果

企业社会责任是指企业在创造利润、对股东承担责任的同时，还要承担对消费者、员工、社会和环境等的责任，要求企业必须摒弃把利润作为唯一目标的传统理念，强调对人的价值的关注，强调对消费者、社会、环境的贡献。商业银行作为特殊的企业，是现代经济运行的核心和枢纽，也是社会资源再分配的重要杠杆，商业银行开展绿色信贷业务意味着在重大投资和贷款决策时充分评估社会和环境风险，将资源集中到可为社会进步和环境保护做出较大贡献的企业和项目，提高银行资产组合的质量；将节能、环保和社会责任纳入贷款的准入条件，可以通过资金配置的经济杠杆，将社会责任理念传递给企业，遏制高能耗、高污染企业的盲目扩张。此外，商业银行开展绿色信贷业务，在履行本企业社会责任的同时，还将有效提高银行的社会声誉，在长期内提升银行的竞争力。

4.4　中国绿色信贷的发展特征分析

为了充分发挥绿色信贷在我国可持续发展中的重要作用，自 1995 年国家宏观层面的绿色信贷政策和制度推出以来，我国政府及相关部门陆续出台了一系列措施推动绿色信贷的发展。在国家绿色信贷政策指导下，各地方政府纷纷因地制宜地推出了适合本地发展的绿色信贷政策，各商业银行也根据国家政策的指引，制定绿色信贷业务规范，经过 20 多年的发展，我国绿色信贷初具规模，呈现出以下特点。

4.4.1　绿色信贷政策体系框架已相对完善

我国十分重视绿色信贷的发展，早在 2007 年就开始做出政策探索，从监管层面自上而下推动政策实施，经过多年的探索，截至目前，我国在绿色信贷基础设施建设方面已经取得初步成果，已初步形成包括顶层设计、统计分类制度、考核评价体系和激励机制在内的政策框架。

一是，2012 年出台的《绿色信贷指引》初步建立了国内绿色信贷的顶层设计政策体系，是我国银行业金融机构发展绿色信贷的纲领性文件。该指引首次明确了银行业金融机构要从战略高度推进绿色信贷，加大对绿色经济、低碳经济、循环经济的支持，防范环境和社会风险，并以此优化信贷结构，提高服务水平，更好地服务实体经济，促进发展方式转变，从组织管理、政策制度、能力建设、流程管理、内控管理、信息披露及监督检查等方面构建了中国银行业绿色信贷管理体系，确立了商业银行实施绿色信贷的行动纲领。二是，绿色信贷统计制度日益健全。2013 年，原银监会发布《关于报送绿色信贷统计表的通知》，确定银行业金融机构"环境、安全等重大风险企业信贷情况""绿色信贷统计"等数据报送要求；2018 年，人民银行发布《关于建立绿色贷款专项统计制度的通知》，进一步明确了绿色信贷数据统计和监测要求。三是，初步形成了绿色信贷的考核评价制度和激励机制。相较于绿色融资的其他领域，绿色信贷的评估规则相对完善，2014 年，原银监会发布《绿色信贷实施情况关键评价指标》，作为绿色银行评级的依据和基础，引导全行业全面落实《绿色信贷指引》，此后，银行业协会、央行先后出台了《中国银行业绿色银行评价实施方案（试行）》《关于开展银行业存款类金融机构绿色信贷业绩评价的通知》等文件，从定量和定性两个方面引导行业积极开展绿色信贷业务的自评。在激励机制方面，央行将绿色贷款作为 MLF、SLF、信贷支持政策再贷款等工具的合格信贷资产担保品，并将绿色信贷业务开展情况的考核结果纳入 MPA 考核体系内。

4.4.2　参与绿色信贷实践的金融机构不断增加

在绿色信贷推行初期，参与绿色信贷实践的金融机构主要集中于政策性银行和国有大中型商业银行，随着国家层面和地方层面绿色信贷相关政策陆续出台，银行业金融机构在绿色信贷政策中的角色也越来越重要。2014 年 11 月 4 日，国家开发银行、中国进出口银行、中国工商银行、中国农业银行、中国银行、中国建设银行、交通银行等 29 家银行加入中国银行业协会绿色信贷业务专业委员会，签署了《中国银行业绿色信贷共同承诺》，这是我国绿色信贷不断发展壮大、逐步走向成熟的重要标志。

随着绿色发展理念的提出以及绿色信贷的持续推进，绿色信贷实践的银行队伍中出现了一些地方中小型银行的身影，特别是 2017 年设立绿色金融改革创新试验区以来，试验区内的银行陆续出台了绿色信贷业务细则，大力推广绿色信贷政策，同时，试验区外的地方性商业银行如北京银行、江苏银行、南京银行等纷纷设立了绿色金融的专门机构或团队，针对绿色信贷开展相关业务，积极研发绿色信贷产品，实践绿色信贷相关政策指引，地方性商业银行的绿色信贷规模稳步增长，例如，2017 年底，北京银行发放的绿色信贷余额达到 500 亿元，相较于 2013 年的绿色信贷余额增长了 3.55 倍；江苏银行 2017 年的绿色信贷余额达到 670 亿元，占其发放对公贷款的 13.8%。越来越多的金融机构参与到绿色信贷的实践中，必然会进一步推动绿色信贷在我国的发展。

4.4.3 绿色信贷产品不断丰富

随着我国商业银行绿色信贷实践的不断推进，商业银行对绿色信贷的重视程度不断提高，各大银行纷纷设立专门的部门或团队开发绿色信贷产品，推广绿色信贷业务，绿色信贷产品也不断丰富，例如，兴业银行推出的"8 + 1"融资服务，招商银行推出的节能收益抵押贷款，中国光大银行的绿色零碳信用产品等，其中，2012 年上海浦东发展银行推出《绿创未来——绿色金融综合服务方案 2.0》，包含了"五大板块、十大创新产品"，极大地丰富了绿色信贷产品。近年来，兴业银行、中国光大银行、中国农业银行、中国银行陆续推出了"低碳"概念的信用卡，与普通信用卡相比，"低碳"信用卡的材质采用对环境没有污染的环保材料，同时还为用户提供环保账单等附加功能，将绿色信贷的主体拓展到社会公众。

4.4.4 绿色信贷规模稳步增长，信贷质量整体良好

在我国政府政策的大力支持下，绿色信贷规模逐年增加，如图 4 - 3 所示，2013 年 6 月末，21 家主要银行机构的绿色信贷余额为 4.85 万亿元，截至 2020 年 12 月，绿色信贷余额增长至 11.5 万亿元，如果再加入中小型银行的绿色信贷余额数量，则这一规模还会加大，七年间绿色信贷平均每年增长 9002.4 亿元，平均年增长速度为 17.3%，同时银保监会公布的数据显示，绿色信贷资产质量整体良好，近 5 年不良贷款率均保持在 0.7% 以下，远低于同期各项贷款整体不良水平。[1]

---

[1] 本段原始资料数据来源于银保监会，http：//www.cbirc.gov.cn/cn/view/pages/index/index.html。

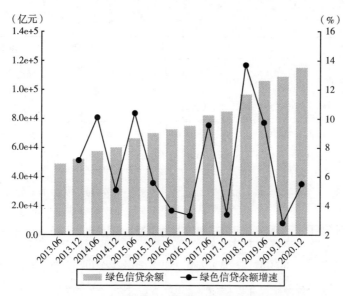

图 4 – 3　2013～2020 年我国绿色信贷余额及增速

资料来源：中国银保监会，http：//www.cbirc.gov.cn/cn/view/pages/index/index.html。

4.4.5　绿色信贷主要投向于节能环保项目及服务

根据绿色信贷统计制度，我国的绿色信贷主要投向于战略新兴产业和节能环保项目及服务。从表 4-2 可以看出，近年来节能环保项目与服务占据绿色信贷规模的 70% 以上，而且呈现出逐年增加趋势，主要投向于绿色交通运输项目和可再生能源及清洁能源项目，两类投向占据绿色信贷规模的一半以上，而且近年来投资于战略新兴产业的规模在逐年减少。

表 4 – 2　　　　　　　　　　　2013～2016 年绿色信贷投向

绿色信贷投向	2013 年		2014 年		2015 年		2016 年	
	绿色信贷余额（亿元）	占比（%）	绿色信贷余额（亿元）	占比（%）	绿色信贷余额（亿元）	占比（%）	绿色信贷余额（亿元）	占比（%）
战略新兴产业	15129.60	29.10	15764.44	26.22	16864.56	24.07	16956.52	22.59
节能环保项目及服务	36853.49	70.90	44363.86	73.78	53201.57	75.93	58090.34	77.41

绿色信贷投向	2013 年		2014 年		2015 年		2016 年	
	绿色信贷余额（亿元）	占比（%）	绿色信贷余额（亿元）	占比（%）	绿色信贷余额（亿元）	占比（%）	绿色信贷余额（亿元）	占比（%）
绿色农业开发项目	229.30	0.44	304.64	0.51	399.71	0.57	430.89	0.57
绿色林业开发项目	193.78	0.37	251.70	0.42	273.60	0.39	391.72	0.52
工业节能节水环保项目	3180.76	6.12	3496.77	5.82	4076.89	5.82	4305.81	5.74
资源循环利用项目	848.52	1.63	1110.87	1.85	1318.80	1.88	1612.62	2.15
垃圾处理及污染防治项目	1834.55	3.53	2361.36	3.93	2695.10	3.85	2785.70	3.71
可再生能源及清洁能源项目	10407.39	20.02	11722.14	19.50	13973.90	19.94	15062.76	20.07
农村及城市水项目	931.94	1.79	1025.98	1.71	1257.77	1.80	1472.43	1.96
建筑节能及绿色建筑	460.11	0.89	657.72	1.09	966.79	1.38	1203.03	1.60
绿色交通运输项目	17306.91	33.29	21203.54	35.26	25273.71	36.07	27758.91	36.99
节能环保服务	361.91	0.70	405.89	0.68	595.01	0.85	643.58	0.86

资料来源：中国银保监会，http：//www.cbirc.gov.cn/cn/view/pages/index/index.html。

4.4.6　绿色信贷环境效益日益显现

随着绿色信贷的持续推进，绿色信贷带来的环境效益也开始逐步显现，见表 4 - 3。2017 年 6 月末，节能环保项目和服务贷款合计节约 21509.59 万吨标准煤，减少 49056.40 万吨二氧化碳当量排放，减少 283.45 万吨化学需氧量排放，节水 71500.65 万吨。由表 4 - 3 可知，绿色信贷带来的环境效益是波动增加的，化学需氧量的减排量甚至出现了减少，即对于不同的污染物排放，绿色信贷的减排效应存在一定的差异。

表 4 - 3　　　　　　　　　　　绿色信贷节能减排量　　　　　　　　　单位：万吨

时间	二氧化碳当量	化学需氧量	二氧化硫	氮氧化物	标准煤	氨氮	节水
2013 年 6 月	7.19	0.046475	0.10	0.025648	3.18	0.004277	9.96
2013 年 12 月	47902.66	330.03	664.92	155.08	18671.80	35.66	43808.05
2014 年 6 月	45687.52	295.78	537.77	131.39	18872.13	31.07	42569.91
2014 年 12 月	39958.08	341.30	587.65	160.09	16718.89	34.08	93367.25
2015 年 6 月	41876.69	674.03	458.66	115.88	17363.15	40.56	74568.11
2015 年 12 月	54979.32	355.23	484.96	227.00	22122.89	38.43	75605.37
2016 年 6 月	43541.67	397.73	399.65	200.60	18739.59	43.45	62304.08
2016 年 12 月	42719.78	271.46	488.27	282.69	18848.27	35.89	60197.59
2017 年 6 月	49056.40	283.45	464.53	313.11	21509.59	26.76	71500.65

资料来源：中国银保监会，http：//www.cbirc.gov.cn/cn/view/pages/index/index.html。

4.4.7　与国外绿色信贷实践相比，中国绿色信贷的特殊性

国外并没有绿色信贷的概念，更多地使用绿色金融、环境金融、可持续融资等，其内涵更加丰富，倡导银行承担包括自然资源保护、污染防控、生物多样性、气候变化、劳工权利、土著居民、文化遗产等社会责任。自 20 世纪 90 年代以来，国际上形成了一个声势浩大的包括环境保护和劳工权利等内容的社会责任运动浪潮，运动组织开始对产生环境问题项目融资的世界各大银行施压，因此，国外大量知名银行签署联合性、自愿性的行动倡议，如"赤道原则""联合国环境规划署金融行动""联合国全球契约"等，各个国家在实行绿色信贷的过程中都作出了有益的探索，也发展出了自己的模式，见表 4 - 4。

表 4 - 4　　　　　　　　　　部分国家绿色信贷实践

国家	银行	信贷措施	整体特点
美国	花旗银行、美国银行、芝加哥岸边银行	结构化节能抵押产品、信贷业务环节系统评价、生态存款	法律建设完善、政策指导鼓励到位，参与银行坚决履行

国家	银行	信贷措施	整体特点
德国	德意志银行	信贷业务环节系统评价	高效发挥政府补贴资金作用，独特运作模式，银行主动充当三方角色、政策性银行领导环保部门参与
英国	英国国民西敏寺银行、巴莱克银行	信贷业务环节系统评价、绿色产品低借款率	人才保障、市场推广、政府支持绿色信贷低利率、划分环保风险等级
瑞士	瑞士联合银行	信贷业务环节系统评价	评价系统完善、政府支持
荷兰	商业银行	绿色环保项目计划——绿色的按揭贷款	绿色环保项目计划

资料来源：齐安甜，曹爱红．环境金融［M］．北京：中国经济出版社，2012．

与国外的绿色信贷实践相比，我国的绿色信贷有自身的特点：第一，我国绿色信贷是依靠政府的力量，自上而下推动的产物，我国的绿色信贷政策首先是从原环保部、人民银行、原银监会等监管部门发布，以限制性、约束性、激励性的行政手段推动，而且经过多年的政策探索，已经初步形成了包括顶层设计、统计分类制度、考核评价和激励机制在内的政策框架。第二，我国的绿色信贷机制是原则性、综合性的标准，绿色信贷标准的统一性方面与国外存在一定差异，特别是针对各行业信贷的环保指南和标准。第三，我国在环保信息披露与共享方面与国外有所不同，我国的环保信息披露大多属于"单向"披露，经济主体之间的环保信息也存在一定的断层，信息共享机制尚不畅通，这在一定程度上影响了绿色信贷政策的执行效率。

4.5　中国绿色信贷的发展障碍分析

近年来，我国建立了全球第一个比较完整的绿色金融政策框架和市场体系，实现了在绿色金融领域从追赶到引领的重大转变，在绿色信贷领域，中国出台了各类创新性激励机制，许多国家（包括欧洲国家）现在都开始研究学习我国的创新机制。例如，人民银行推出绿色再贷款，并将绿色金融纳入宏观审慎考核框架（MPA），其中，绿色再贷款可以降低绿色信贷的融资成本，从而鼓励商业银行用低成本的资金向绿色项目发放更多的绿色贷款。此外，有些地方运用财政资源对绿色项目进行贴息和担保，例如，浙江的湖州和广州的花都区每年分别拿出 10 亿元用来支持绿色项目发展。但是，目前我国绿色贷款总量还较微薄，绿色信贷额度占总贷款额度份额较少，在实践过程中还存在诸多因素阻碍我国绿色信贷的发展。

4.5.1　绿色信贷政策的可操作性和强制性较差

自绿色信贷项目启动以来，我国原环保部、中国人民银行、原银监会等部委相继出台了大量绿色信贷相关的政策——《关于改进和加强节能环保领域金融服务工作的指导意见》《节能减排授信工作指导意见》《绿色信贷指引》等，基本形成较为完善的绿色信贷政策框架，在战略高度上肯定了绿色信贷的重要性和紧迫性，对绿色信贷的发展具有重要的指引意义。这些政策以行政规定为主，缺乏国家法律的强制约束，指导性规范、自愿性规范相对较多，强制性规范较少，法律责任相对弱化。此外，政策文件规定的多为综合性、原则性、指导性的内容，对具体细则，如绿色信贷中涉及的项目准入、技术标准、排放标准、能源消耗、环评监督、循环利用能力和高污染、高能耗的认定及标准，应该对什么样的项目实施怎样的信贷约束，对什么样的项目实施怎样的信贷支持，并没有明确的相关规定，那么，在绿色信贷的实践过程中，商业银行和企业就无法确定绿色信贷的界限和标准，导致信贷的"漂绿"现象逐渐显现，究其原因是绿色信贷相关政策的可操作性有待提升。

4.5.2　专业的交叉学科人才缺乏

绿色信贷业务的贷前、贷中、贷后环节，需要商业银行从业人员具备一定的复合型专业水平，包括了解国家环境保护法律法规知识、掌握客户环境和社会风险评估方法等。专业的交叉学科人才的匮乏，一方面造成我国绿色信贷产品的创新能力不足，导致了绿色信贷不能形成产品的多样化，从而使得我国绿色信贷进展缓慢；另一方面，在专业人才匮乏的情况下，银行员工难以对环境风险进行科学的定量评价，缺乏对企业环境风险的动态变化把握，制约了绿色信贷的发展。

4.5.3　绿色信贷的标准不统一

我国在短时间内建成了全球较完备的绿色金融政策体系，并成为全球最大的绿色金融市场，但我国的绿色金融改革创新试点总体仍然处于起步阶段。以绿色信贷为例，我国政府制定了一系列绿色环保政策规划，为绿色经济发展指引了战略方向。这些政策更侧重于宏观战略导向，属于原则性、综合性的界定和规划，管理部门在绿色信贷领域缺乏明确统一的标准和指引，一些环保标准的提法也较笼统，如缺乏具体的环境风险评级标准、绿色信贷的审核细节和规则，对绿色信贷中涉及的准入、技术、排放、能源消耗和循环利用能力等标准尚没有统一、明确的实施细则。

绿色信贷的标准不统一具体体现在：（1）绿色信贷认定的相关标准不统一。2013 年，原银监会制定了《绿色信贷统计制度》，要求各家银行对所涉及的环境、安全重大风险企业贷款和节能环保项目及服务贷款进行统计。2018 年 3 月，中国人民银行印发《中国人民银行关于建立绿色贷款专项统计制度的通知》，即《绿色贷款专项统计制度》，从用途、行业、质量维度方面分别对金融机构发放的节能环保项目及服务贷款和存在环境、安全等重大风险企业贷款进行统计。2019 年下半年，人民银行与银保监会着手对绿色信贷统计制度进行修订。但是由于目前我国还没有建立绿色金融项目库，在实际的操作流程中，不同的金融机构可能对同一项目认定不统一，造成绿色信贷归类的不统一，进而影响统计数据的一致性（陆逸超，2019）。①（2）绿色信贷的执行标准不统一。各商业银行在控制"两高"企业贷款、支持绿色企业或项目贷款时，只能根据自己对政策的理解去识别、界定、确定绿色信贷战略方针、政策制度、流程产品，出台本行的绿色信贷审核标准和管理制度，标准不一，不规范、较随意，降低了绿色信贷的标准性和统一性。

　　绿色信贷标准不一，会带来资金资源配置的不公平，如有些绿色信贷项目在这家银行贷不到款，转身到另外一家银行却可以贷到，降低了绿色信贷的可操作性。同时，从现有的绿色信贷标准来看，缺乏事前遏止和防范的具体措施，我国绿色信贷对事前防范性的具体标准还没有作出详细规范的规定，这可能导致绿色信贷的实施目的还不能完全达到。

4.5.4　环保信息沟通共享机制不健全

　　信息作为一种资源，能够有效地促进其他资源更为有效地配置和发挥作用。信息与经济之间存在相互作用的关系，经济活动产生信息并伴随着信息的流转，而信息作为经济的生命线，推动经济的发展。信息经济学认为，市场上的不完全信息和非对称信息是一种常态，经济个体按照利润最大化原则采取行动，但经济个体并不具备作出最优决策所需要的全部信息，因此，经济个体的能力是有限的，理性也是有限的。个人理性选择的结果可能是非理性的，个人理性并不必然会导致集体理性。

　　在绿色信贷市场上同样存在严重的信息不对称，环保部门、银行、地方政府、企业之间信息沟通不畅，缺乏有效的信息传递和信息共享机制。这种信息的制约主要表现在：（1）企业与环保部门之间的信息不畅通。环保部门是环境监督的主体，但是，环保部门不可能掌握全国所有企业的污染情况，有很大一部分数据依赖于基层环保部门的支持与传送，企业生产过程复杂各异，污染状况也瞬息万变，如生产工艺、排放标准、

---

① 陆逸超. 关于绿色贷款统计制度的思考和建议 [J]. 改革与开放, 2019 (13)：19 – 22.

环保措施、执行力度等。一般而言，地方基层环保部门也无法及时获取相关信息，而且，一些地方环保部门与生产企业之间可能存在违规、连带关系，可能会存在瞒报信息的行为，进而造成企业环保信息的缺失。（2）环保部门与银行之间的信息不畅通。目前，我国缺乏统一的环保信息管理与发布机制，银行获取企业环保信息的渠道非常有限，通常都是中央银行从环境保护部门获取生产企业的污染状况，然后再把信息通过银保监会传递给商业银行，这种多部门多步骤的间接信息传递方式导致银行不能及时获取生产企业的环保信息，对于绿色信贷的发放审批起到了时滞性的阻碍作用，影响绿色信贷的执行效果。（3）银行之间的信息不畅通。各家银行对使用环保信息之后的情况反馈还缺乏有效的衔接，特别是银行之间发放绿色信贷的标准不同，而且彼此之间信息不共享，可能使得同一家企业在一家银行有资格获取贷款，而在另一家银行却没有资格获取贷款。另外，银行基于自身利益的考虑，也存在不愿意公开自己客户信息的可能性，阻碍了各银行之间环保信息的共享。

4.5.5 绿色信贷相关的激励约束机制匮乏

企业和商业银行作为自主经营、自负盈亏的独立经营主体，追求利润最大化是其本性，企业是否愿意节能减排、减少环境污染，银行是否愿意执行绿色信贷政策，不只是简单的思想觉悟问题，也不能仅仅依靠政策的导向，其核心是构建利益激励机制。通过对市场主体成本和收益的调整，改变交易双方的效用函数，进而影响经济主体的行为选择。因此，从经济学角度来看，在理性经纪人追求自身利益最大化的假设前提下，激励约束机制的匮乏所导致的收益结构失衡，是制约绿色信贷发展的核心条件。

绿色信贷相关激励约束机制匮乏主要体现在：（1）政府及监管部门对银行的激励约束不足。作为自主经营、自负盈亏的独立市场主体，商业银行必须强调贷款的安全性、流动性和营利性，但是，由于环保项目普遍公益性、外部性较强，环保产业具有投资周期长、产出效益低、风险较高、企业规模小等特点，在缺乏外部扶持和激励政策的情况下银行提高绿色"门槛"意味着可能丧失部分客源，加大对环保产业支持力度意味着承担更大的市场风险，经营业绩的压力导致其持"观望"态度，可见，正向激励的缺失是绿色信贷发展缓慢的重要原因之一。从约束机制上看，国家对商业银行向违法违规项目和企业发放贷款的行为没有具备威慑力的责任追究和处罚措施，这就使得部分抱有侥幸心理的银行违规向污染企业提供贷款，真正执行绿色信贷政策的银行反而失去了客户和市场，不利于调动商业银行的积极性，影响了绿色信贷的实施和推进。(2) 政府及监管部门对企业的激励约束不足。目前，环保部门对造成环境污染的企业处罚不足，基层执法力度相对薄弱，从而造成企业的违法成本较低，而对于环境保护做得好的企业则缺少如税收优惠、贷款贴息等鼓励性经济扶持政策，严重影响了企业加大环保投入的积极性。(3) 商业银行内部的激励约束不足。我国的商业银行长期以来绩效考核体系都是以经济指标为主，并未将环保绩效纳入其中。绿色信贷评估涉及面广、评估成本高，绿色信贷所支持的项目有相当一部分是社会效益较高但是短期经济效益并不太好的项目，各分支机构为了完成考核指标，主要从经济利益出发考虑，从而限制了绿色信贷规模的扩大。银行业内部必须建立相应的激励约束机制，为商业银行各分支机构实施绿色信贷提供动力。

4.6　中国绿色信贷发展的新机遇

　　我国政府一直高度关注气候变化对国家和社会的影响，并积极推进碳减排工作，见表 4 - 5。2020 年正式提出"2030 年前碳达峰、2060 年前碳中和"的战略目标，2021 年我国政府工作报告和"十四五"规划中均提出要制定 2030 年前碳达峰行动方案，努力争取 2060 年前实现碳中和。

表 4 – 5   中国碳达峰碳中和行动历程

时间	行　动
2020 年 9 月 22 日	习近平主席在第七十五届联合国大会一般性辩论上讲话，提出中国将提高国家自主贡献力度，采取更加有力的政策和措施，二氧化碳排放力争于 2030 年前达到峰值，努力争取 2060 年前实现碳中和。
2020 年 11 月 22 日	习近平主席在二十国集团领导人利雅得峰会"守护地球"主题边会上致辞，宣布中国将力争二氧化碳排放 2030 年前达到峰值，2060 年前实现碳中和。
2020 年 12 月 12 日	习近平主席在气候雄心峰会上发表讲话，提出到 2030 年，中国单位国内生产总值二氧化碳排放将比 2005 年下降 65% 以上。
2021 年 3 月 5 日	政府工作报告中提出制定 2030 年前碳排放达峰行动方案，优化产业结构和能源结构，推动煤炭清洁高效利用，大力发展新能源，在确保安全的前提下积极有序发展核电。
2021 年 3 月 13 日	"十四五"规划中提出，要制定 2030 年前碳排放达峰行动方案，锚定努力争取 2060 年前实现碳中和，"十四五"时期单位国内生产总值能源消耗和二氧化碳排放分别降低 13.5% 和 18%。
2021 年 3 月 15 日	习近平主席在中央财经委员会第九次会议上强调，要把碳达峰、碳中和纳入生态文明建设整体布局，拿出抓铁有痕的劲头，如期实现 2030 年前碳达峰、2060 年前碳中和的目标。
2021 年 5 月 26 日	碳达峰碳中和工作领导小组召开第一次全体会议，会议强调碳达峰碳中和行动中的顶层设计、目标分解，同时要坚持问题导向，狠抓工作落实。要全面贯彻落实习近平生态文明思想，立足新发展阶段、贯彻新发展理念、构建新发展格局，扎实推进生态文明建设，确保如期实现碳达峰、碳中和目标。

资料来源：笔者根据相关资料整理。

在"碳达峰碳中和"目标下，我国的实体产业结构将发生重要变化，在此之前，我国政策层面也高度重视产业结构的升级调整，但总体来看，支持绿色产业发展的政策多是点状的、局部的，而此次"碳达峰碳中和"目标的提出，意味着未来一段时间内支持发展绿色经济的政策将会大幅加码，我国能源结构和产业结构调整变迁的速度将会进一步加快。对于银行业金融机构而言，绿色信贷业务将迎来新的发展机遇，一方面，随着能源结构和产业结构的调整加快，政策支持领域会进一步扩宽，衍生出新的融资需求，给绿色信贷业务的投放带来巨大的新业务机遇，如光伏、风电等清洁能源产业、新能源汽车及相应的配套基础设施建设等；另一方面，部分传统行业绿色转型升级将带来大量的改造型增量融资需求，如建筑、钢铁、建材、化工等行业低碳生产的技术突破和新技术推广采纳等。"碳达峰碳中和"目标下，除了积极把握产业结构和能源结构变迁调整给部分行业带来的发展机遇外，银行业金融机构在绿色信贷的投放过程中也应高度关注传统高耗能、碳排放量大行业可能存在的淘汰、退出风险，如煤炭、冶炼、石化等行业。

4.7　本章小结

随着我国经济发展速度的放缓，环境问题的日益严重，经济的绿色化转型是我国的必然选择，而金融作为现代经济的核心，也必然要走向绿色化发展道路，以银行信贷为主的间接融资方式在融资市场上的主体地位决定了绿色信贷在经济的绿色化转型中的重要作用，绿色信贷的提出是新时代下对金融发展的新要求。自1995年中国将环境因素纳入信贷体系以来，特别是2007年7月在原环保局、中国人民银行和原银监会的共同努力下（《关于落实环保政策法规防范信贷风险的意见》），我国的绿色信贷项目正式启动，绿色信贷政策频繁推出。因此，本章首先在分析绿色信贷产生的现实背景和理论背景的基础上，进一步梳理了中国绿色信贷政策的变迁，又在此基础上，分析了中国绿色信贷的发展特征、发展障碍和发展机遇。随着宏观绿色信贷政策的陆续出台，越来越多的金融机构参与到绿色信贷的实践中，绿色信贷产品不断丰富，规模稳步增长，环境效益也日益显现。但是，我国绿色信贷总量还较微薄，实践中还存在政策的可操作性和强制性较差、专业交叉学科人才缺乏、标准不统一、信息沟通机制不健全、激励约束机制匮乏等制约我国绿色信贷发展的障碍因素。

此外，我国政府一直高度关注气候变化对国家和社会的影响，并积极推进碳减排工作。2020 年正式提出"2030 年前碳达峰、2060 年前碳中和"的战略目标，2021 年我国政府工作报告和"十四五"规划中均提出要制定 2030 年前碳达峰行动方案，努力争取 2060 年前实现碳中和。在碳达峰和碳中和的"30·60"目标指导下，未来我国支持绿色经济发展的政策将持续加大，从而将进一步加快国内产业结构、能源结构的深刻转变。对银行业金融机构而言，绿色信贷迎来了新的发展机遇。

通过本章的研究能够对绿色信贷产生基本的认识，为后续研究提供现实基础，接下来本书将依据我国绿色信贷的实践情况，展开对绿色信贷的理论和实证分析，以期更好地指导绿色信贷实践，推动绿色信贷发展。

第5章 绿色信贷产出和福利效应的理论分析

为推动经济的绿色化发展，我国在金融领域推出了一系列绿色政策，尤其是绿色信贷相关政策的出台，为我国经济的绿色化转型提供了坚实的资金支持。自2007年绿色信贷项目正式启动以来，从中央政府到地方各级政府部门、银行业监督管理部门、环境保护相关部门，甚至各级商业银行内部都出台了大量的服务于绿色信贷的相关政策文件及细则。那么，从理论意义上，绿色信贷对产出和环境到底会产生怎样的影响？不同类型的绿色信贷是否存在差异？作为一项环境规制类型，在其他非绿色信贷环境规制发生变动时，绿色信贷的产出和福利效应又会发生怎样的变动？本章从理论上对这些问题进行探讨。

5.1 CC-LM-EE 理论分析框架构建

本章以海斯（Heyes，2000）① 的思想为基础，借鉴伯南克和布林德

---

① Heyes A. A Proposal for the Greening of Textbook Macro: 'IS-LM-EE' [J]. Royal Holloway University of London Discussion Papers in Economics, 2000, 32（1）: 1 - 7.

(1988)①构建的 CC-LM 模型，构建 CC-LM-EE 分析框架，将环境维度纳入宏观经济系统分析，从比较静态的视角对绿色信贷的产出和福利效应展开探讨。伯南克和布林德构建的 CC-LM 模型是用来说明货币政策如何经由银行信贷传导渠道作用于实体经济，传统的 IS-LM 模型中假设贷款和其他信用产品（如债券）是完全替代品；而在 CC-LM 模型中，伯南克和布林德认为，由于存在信息不对称，贷款和债券存在不完全替代的关系。在 CC-LM 模型中，商业银行发放贷款的主要资金来源是客户的存款，商业银行的资产项分别为超额准备金 E，法定准备金 τD，债券 B，贷款 L^s；负债项为存款 D，则其会计恒等式为：

$$B + L^s + E = D(1 - \tau) \qquad (5-1)$$

5.1.1 信贷市场的均衡

贷款需求除了与贷款利率 i 和收入水平 y 相关外，还与货币市场利率 r 相关。一般而言，贷款需求 L^d 随着贷款利率的提高而降低，随着收入水平的增加而提升。此外，模型假设货币市场与贷款之间存在代替关系，所以，贷款需求随着货币市场利率的下降而下降，因此，贷款的需求函数可以写成：

$$L^d = L(i, r, y) \qquad (5-2)$$

贷款供给来源于扣除法定存款准备金后的存款，即：

$$L^s = \lambda(i, r) D(1 - \tau) \qquad (5-3)$$

其中，$\lambda(i, r)$ 为银行存款中用于发放贷款的比例；$\lambda(i, r)$ 是贷款利率 i 和货币市场利率 r 的函数；λ 随着贷款利率 i 的提升而增大。因为贷款与货币市场之间的替代关系，λ 随着货币市场利率 r 的提升而降低。当信

① Bernanke B S, Blinder A S. Credit, Money, and Aggregate Demand [J]. American Economic Review, 1988, 78 (2): 435-439.

贷市场均衡时，信贷需求 L^d = 信贷供给 L^s，即：

$$L(i,r,y) = \lambda(i,r)D(1-\tau) \qquad (5-4)$$

5.1.2　货币市场的均衡

　　货币市场的均衡仍采用传统的 LM 曲线来表示，同时为了简便计算，假设不存在现金，货币只以存款形式存在，其中，存款需求受货币市场利率 r 和收入水平 y 的影响，将其简化为 $D(r,y)$，存款的供给来源于商业银行，假设商业银行根据货币市场利率 r 来决定持有的额外存款准备金的数量，即 $E = \varepsilon(r)D(1-\tau)$，那么，商业银行的准备金数量 R 可以表示为：

$$R = \tau D + E = [\tau + \varepsilon(r)(1-\tau)]D \qquad (5-5)$$

　　因此，可以把存款表示为准备金 R 的函数，即：

$$D = m(r)R \qquad (5-6)$$

其中，$m(r) = [\tau + \varepsilon(r)(1-\tau)]^{-1}$ 为货币乘数，当货币市场实现均衡时，货币供给 = 货币需求，即：

$$D(r,y) = m(r)R \qquad (5-7)$$

5.1.3　商品市场的均衡

　　对于商品市场的均衡仍然采用 IS 曲线来刻画，在传统的 IS 曲线中，贷款和债券之间是完全可以替代的，所以，在传统的产品市场分析中未纳入对信贷市场利率的考量，而在银行信贷渠道的相关分析中，贷款和债券之间是不完全替代的，所以用于分析银行信贷渠道的 IS 曲线中要将贷款利率纳入分析框架，最终可用式（5 - 8）来刻画商品市场的均衡，即：

$$y = Y(i,r) \qquad\qquad (5-8)$$

其中, $\partial y/\partial r < 0$, $\partial y/\partial i > 0$。

5.1.4　CC曲线的推导

当信贷市场、货币市场和商品市场这三个市场实现均衡时, 将式 (5-7) 代入式 (5-4) 可得:

$$L(i,r,y) = \lambda(i,r)m(r)R(1-\tau) \qquad (5-9)$$

因为 τ 在一定时期内是一个固定值, 所以, 贷款利率 i 可以写成货币市场利率 r, 收入水平 y 和准备金 R 的函数, 即:

$$i = f(r,y,R) \qquad\qquad (5-10)$$

将式 (5-10) 代入式 (5-8) 得到:

$$y = [r,f(r,y,R)] \qquad\qquad (5-11)$$

式 (5-11) 即为 CC 曲线, CC 曲线描述了商品市场和信贷市场共同实现均衡时的状态, 与 IS 曲线类似, CC 曲线向右下方倾斜。[①] 由式 (5-11) 可以看出, CC 曲线受准备金 R 的影响, 而由式 (5-9) 可以看出, 准备金 R 的变动直接影响信贷市场的供给, 这也就意味着信贷市场的变动会引起 CC 曲线的变动。

5.1.5　环境均衡曲线 EE 的推导

随着经济增长带来的环境问题日益严重, 学者们开始在经济系统分析中加入环境因素 (海斯, 2000; Lawn, 2003; Sim, 2006; Decker and

---

[①]　Bernanke B S, Blinder A S. Credit, Money, and Aggregate Demand [J]. American Economic Review, 1988, 78 (2): 435-439.

Wohar, 2012), [1][2][3][4] 本章借鉴劳恩（Lawn, 2003）[5] 的思想, 在 CC-LM 模型的基础上构建环境均衡曲线 EE, 在经济系统分析中加入环境维度。

环境均衡曲线 EE 描述了约束经济增长的环境边界。根据劳恩（2003）模型设定的思想, 环境作为一种要素投入, 与资本之间是互补的。同时, 生产给定产量的过程中, 必须要有一个最低的资源环境使用量, 相应地, 每条 EE 曲线均对应一个最大产出水平。环境资本 N 的演化方程如下:

$$-\frac{\mathrm{d}N}{\mathrm{d}t} = \frac{Y}{E(r,\beta,\gamma)} - sN \qquad (5-12)$$

其中, $E(r,\beta,\gamma)$ 为生产中资源利用的技术效率, 是利率 r,[6] 污染减排技术参数 γ 和环境制度参数 β 的函数, 并且环境资本与物质资本之间的互补性假设, 使得 $0 < E < 1$, 同时, 较低的 r 值和较高的 β 值导致从现有的技术范围中选择更清洁的生产技术, 此外, γ 的增加使得生产者拥有更先进的资源节约和减少污染排放的技术, 因此, $E_r < 0$, $E_\beta > 0$, $E_\gamma > 0$, s 为环境资源的再生率或污染的降解率。当 $\mathrm{d}E/\mathrm{d}t = 0$ 时, 环境资本状况不再变化, 处于环境均衡状态, 即 EE 曲线, 此时, EE 曲线的斜率为 $\mathrm{d}r/\mathrm{d}Y = E/(YE_r)$, 因为 $E_r < 0$, 所以 EE 曲线的斜率为负, 向右下方倾斜。同时, 由于 EE 曲线对于利率 r 的敏感程度低于产品市场, 因此, EE 曲线比 IS 曲线更为陡峭。但是 EE 曲线的斜率会随着曲线轨迹的长度而变化, 事实上, 当生产的技术效率对利率 r 的变化不敏感时, EE 曲线将是陡峭的, 随着最大允许产量水平 Y_{max} 的接近, 这种情况将越来越严重, 这是因为随着产出

① Heyes A. A Proposal for the Greening of Textbook Macro: 'IS-LM - EE' [J]. Royal Holloway University of London Discussion Papers in Economics, 2000, 32 (1): 1 -7.

②⑤ Lawn P A. On Heyes' IS-LM-EE Proposal to Establish an Environmental Macroeconomics [J]. Environment and Development Economics, 2003, 8 (1): 31 -56.

③ Sim N C S. Environmental Keynesian Macroeconomics: Some Further Discussion [J]. Ecological Economics, 2006, 59 (4): 401 -405.

④ Decker C S, Wohar M E. Substitutability or Complementarity? Re-visiting Heyes' IS-LM-EE Model [J]. Ecological Economics, 2012, 74: 3 -7.

⑥ 海斯（2000）曾指出, 在环境函数中引入长期实际利率或短期实际利率对最终结果不会产生太大影响, 因此, 本章直接将货币市场利率 r 引入环境函数中。

水平接近 Y_{max}，减少污染的边际成本越来越高，因此，采用清洁生产技术提高生产技术效率的边际成本也越来越高，这个时候就需要利率更快地下降，使得经济转向更清洁的生产技术，最终导致 EE 曲线在接近 Y_{max} 处近似垂直。环境制度参数 β 和污染减排技术参数 γ 的变动会引起 EE 曲线的左右移动，环境制度参数 β 也可以理解为使用者或污染者对环境服务的付费比例，环境服务的使用者付费比例越大，说明环境成本的内部化程度越高。此时，相对于更清洁的替代品，污染或肮脏的生产形式的成本增加，这导致资源被分配用于清洁生产技术，从而提高可持续产出水平，EE 曲线向右移动，反之则向左移动；污染减排技术参数 γ 的提高会使得最大产出水平增加，进而引起 EE 曲线的右移，反之，EE 曲线左移。

在 EE 曲线上的任意一点均表示在特定的利率水平 r 和产出水平 Y 下，环境系统实现均衡，同时，EE 曲线上对应的产出水平是可持续产出水平，即在 EE 曲线上任意一点所对应的 (r, Y)，使得经济活动利用环境资源的强度等于环境系统能够提供这些环境资源的能力。当处于 EE 曲线右侧时，$Y/E(r,\beta,\gamma) > sN$，经济活动所耗费的环境资源的总吞吐量大于环境资源的再生能力和污染的净化能力，环境状况会发生恶化，经济的发展是不可持续的；反之，当处于 EE 曲线左侧时，$Y/E(r,\beta,\gamma) < sN$，经济活动所耗费的环境资源的总吞吐量小于环境资源的再生能力和污染的净化能力，经济活动不会造成环境的恶化，但是，在实际经济生活中大多数国家处于 EE 曲线的右侧。

5.2 基于 CC-LM-EE 的绿色信贷产出和福利效应分析

5.2.1 CC-LM-EE 分析框架下绿色信贷产出效应的分析

我国的绿色信贷是国家通过调控银行业金融机构的信贷行为来引导

资金和贷款流向资源节约型、环境友好型企业，对高污染、高能耗企业和项目的投资贷款进行资金限制，从而实现资金的"绿色配置"。具体来看，绿色信贷的作用方向有两个：对高污染、高能耗企业的资金限制，将负外部性社会成本内部化以降低污染排放和资源滥用；对绿色环保企业的资金支持，将正外部性社会收益最大化，来增加具有社会正外部性的环境友好型、资源节约型产品和服务，提高社会福利。

在完全竞争市场上，市场能自发的使得经济实现均衡状态（劳恩，2003），[①] 即处于 CC 曲线和 LM 曲线的交点处，在 CC-LM-EE 分析框架下，从宏观视角出发，当经济处于 EE 曲线的右侧运行时，如图 5 - 1 所示，即经济的初始运行状态处于 LM_0 与 CC_0 曲线的交点 A 处，此时，商品市场、信贷市场和货币市场实现均衡，但是，经济活动所产生的污染排放量超过了环境自身的净化能力和吸收能力，环境质量恶化，那么，在绿色信贷政策的指引下，会对贷款进行限制，从而导致贷款供给减少，CC_0 曲线向左移动，同时，绿色信贷政策的实施会增加污染者支付环境污染外溢成本的比例，使得 EE_0 曲线向右移动，直至移动到 B 点，此时，信贷市场、货币市场、商品市场和环境系统均实现均衡，但是相应地产出会下降。而当经济运行的初始状态处于 EE_0 曲线左侧的 C 点时，经济

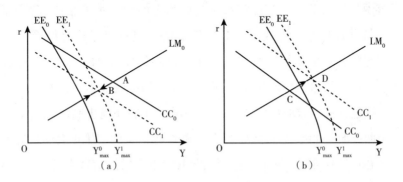

图 5 - 1　绿色信贷的产出效应

---

① Lawn P A. On Heyes' IS-LM-EE Proposal to Establish an Environmental Macroeconomics [J]. Environment and Development Economics, 2003, 8 (1): 31 – 56.

活动产生的污染排放量小于环境自身的净化和吸收能力，为了激励经济的"绿色"发展，绿色信贷政策下会进一步为其提供资金支持，信贷供给增加会使得CC_0曲线向右移动，相应地，绿色信贷本身也会引起环境均衡曲线EE_0的向右移动，经济系统和环境系统直至移动到D点达到环境经济的同时均衡，此时，环境资源被充分的利用，而经济产出会进一步的增加。

为了治理环境污染，我国政府出台了一系列环境规制政策，如严格的排放标准、征收排污费、环境税、排污权交易等，这一系列措施的实施都会引起环境均衡曲线EE的变动，那么，在这种情况下，绿色信贷政策对产出的影响会发生什么变化？如图5-2所示，宏观经济运行的初始状态处于环境均衡曲线EE_0的右侧A点处，此时经济活动产生的环境污染排放量超过环境的净化吸收能力，为了改善环境状况，政府部门出台了一系列的环境规制措施，使得EE_0曲线向右移动到EE_2，而绿色信贷的实施也会使环境均衡曲线向右移动EE_1，假设移动的幅度要小于一系列其他环境规制引起的移动幅度，同时，绿色信贷政策下会减少信贷供给，CC_0曲线向左移动，直至移动到CC_2，与环境均衡曲线EE_2和货币市场均衡曲线LM_0相交于C点，实现经济系统和环境系统的均衡，此时，与经济系统初始状态的产出水平相比有所下降，但是，与没有其他环境规制下绿色信贷的产出效应相比有所提升。同理，当经济系统的初始运行状态处于环境均衡曲线EE_0的左侧D点时，经济活动产生的污染排放量小于环境的净化和吸收能力，此时，为了激励经济绿色发展，政府部门出台一系列激励性的环境规制政策，使得环境均衡曲线EE_0曲线向右移动到EE_2，而绿色信贷的实施也会使环境均衡曲线向右移动到EE_1，同时，绿色信贷政策下会增加信贷供给，CC_0曲线向右移动，直至移动到CC_2，与环境均衡曲线EE_2和货币市场均衡曲线LM_0相交于F点，实现经济系统和环境系统的均衡，此时，与经济系统初始状态的产出水平相比有所提升，同时，比没有其他环境规制下绿色信贷的产出效应要高。

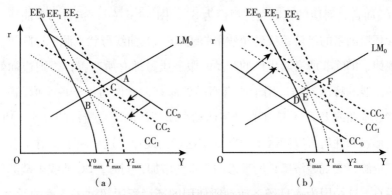

图 5 - 2　环境规制变动下绿色信贷的产出效应

5.2.2　CC-LM-EE 分析框架下绿色信贷福利效应的分析

绿色信贷政策的实施不仅使得产出发生变动，同时，也会对社会福利产生影响，本章我们借鉴劳恩（2003）[①] 的思路，从可持续净收益的视角出发来分析绿色信贷的福利效应。

如图 5 - 3（a）所示，当宏观经济运行的初始状态处于环境均衡曲线 EE 的右侧时，此时，对应初始的产出水平 Y_0 和利率水平 r_0，绿色信贷的实施目标是让经济在环境均衡曲线上运行，因此，最终会使产出水平移动到 Y^* 处，图 5 - 3（b）是一条 45°线，作用是将图 5 - 3（a）的产出水平传导到图 5 - 3（c）中，图 5 - 3（c）描述了消费线水平，借鉴劳恩（2003）的做法，将消费水平看作所有货物总库存的实际折旧，即 $C = dS$，其中，C 为消费水平，d 为折旧率，S 为所有货物的总库存。也可以理解为将整个产出水平 Y 在消费 C 和库存 S 之间进行分配，同时，考虑折旧后库存的储备数量要满足一定的消费水平，此时，$Y = (1 + d)S$，斜率为正，向右上方倾斜，如图 5 - 3（c）所示。这也意味着如果生产超过了消费，宏观经济的实体规模就会扩大，一旦两者相等，宏观经济规模会趋于稳定，那么，对于环境系统和经济系统实现均衡时的产出水

---

① Lawn P A. On Heyes' IS-LM-EE Proposal to Establish an Environmental Macroeconomics［J］. Environment and Development Economics, 2003, 8（1）: 31 - 56.

平 Y^* 而言，对应的宏观经济规模为 S^*。图 5-3（d）包含两条曲线：未包含环境因素的经济系统的净效用曲线 UB，其曲线形状来源于边际效益递减规律，即除非所有新生产的产品的服务质量都有所改善，否则边际效益递减曲线的特性同样适用于所有商品的库存，就像适用于单个商品一样；环境成本曲线 UC，代表了在经济活动中所消耗的环境资源的成本，UC 曲线的形状和性质可以归因于边际成本递增的规律，这反映了相对于有限的环境资源，宏观经济增长所带来的成本的增加，同时，UC 曲线末端部分接近垂直，这是因为一旦经济活动所使用的环境资源超过了环境的承载力，经济活动的环境成本将是无限的。那么，对于任何给定的宏观经济规模，可持续净收益都可以通过 UB 和 UC 曲线之间的垂直距离来衡量。

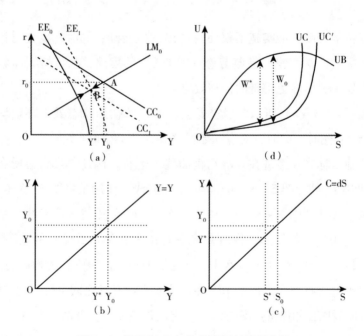

图 5-3　惩罚性绿色信贷的福利效应分析

　　惩罚性绿色信贷政策下，即当环境污染超过其净化和吸收能力时，限制向污染企业提供贷款，从而抑制生产过程中的污染排放，绿色信贷的实施一方面使信贷市场均衡曲线 CC_0 向左移动；另一方面也会使环境均衡曲线 EE_0 向右移动，而 EE_0 的右侧移动又会引起环境成本曲线向右移动，这是因为 EE_0 的右移使得最大产出限制增加，UC 曲线的下降是因为资源节约型技术进步的增加减少了在维持特定宏观经济规模的过程中消耗的环境资源，这也就意味着减少了经济活动的环境成本。从图 5-3（d）可以看出，未考虑环境均衡时宏观经济运行的初始状态能够实现的可持续净收益是 W_0，而绿色信贷政策下，环境系统和经济系统同时实现均衡时能够实现的可持续净收益是 W^*，图中的信息显示无法比较 W_0 和 W^*的大小，这取决于 UC 曲线变动的幅度，也就是 EE 曲线变动的幅度。

激励性绿色信贷政策下，即当环境污染小于其净化和吸收能力时，为了使具有正外部性的环境友好型产品和服务达到社会最优的供给水平，商业银行提高资金支持，从而使得 CC_0 曲线向右移动，另外激励型绿色信贷的实施可以看作对环境资源投入的一种补贴，使得 EE_0 曲线向右移动，相似地，环境均衡曲线的右移会使得 UC 曲线向右移动，从图 5-4（d）可以看出，激励型绿色信贷政策实施后，当环境系统和经济系统同时实

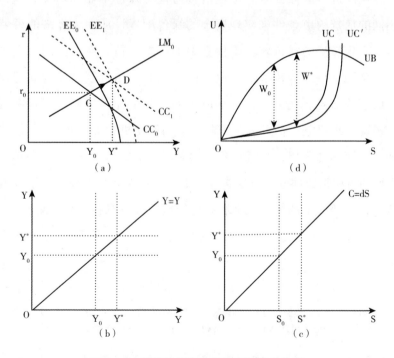

图 5-4 激励性绿色信贷的福利效应分析

现均衡时能够实现的可持续净收益 W^* 大于未考虑环境均衡时宏观经济运行初始状态所能实现的可持续净收益 W_0。不同环境政策下绿色信贷的福利效应分析思路类似在此不再赘述。

综上所述，在 CC-LM-EE 分析框架下，绿色信贷政策能够对产出和福利产生影响，但是在具体的政策执行过程中，绿色信贷政策到底是如何对宏观的经济产出和社会福利产生影响的？是通过什么路径和机制对产出和福利产生影响的呢？

5.3 绿色信贷产出和福利效应的形成机制

信贷业务等金融活动的主要功能在于通过资金的分配使资本在各生产要素间进行有效配置。绿色信贷通过对绿色企业和污染企业，设置不同的信贷约束条件来实现资金的绿色配置，从而为经济的可持续发展和实现经济的绿色转型提供重要的资金支持。在以往的研究成果中，对金融支持经济转型或产业结构调整的作用机制已经建立起比较完整的理论体系，例如，资本形成机制、资本导向机制、产融结合机制、风险管理机制、信息揭示机制、信用催化机制等（傅进和吴小平，2005；伍海华和张旭，2001；程婵娟和潘璇，2012）。[1][2][3] 绿色信贷作为金融的重要组成部分，主要通过以下四个机制和两种渠道来引导资金的流向，改变资金的供给水平和配置结构，促进绿色环保产业的发展，抑制污染企业的发展，进而对宏观经济产出、环境和社会福利产生影响。

---

① 傅进，吴小平. 金融影响产业结构调整的机理分析 [J]. 金融纵横，2005 (2)：30-34.

② 伍海华，张旭. 经济增长·产业结构·金融发展 [J]. 经济理论与经济管理，2001 (5)：11-16.

③ 程婵娟，潘璇. 论金融支持与产业结构调整——以陕西为例 [J]. 西安石油大学学报 (社会科学版)，2012，21 (4)：16-22.

5.3.1 绿色信贷的作用机制

(1) 资金形成机制。从我国目前的融资结构看,企业的资金来源主要来自银行信贷,那么,银行信贷对企业的发展有着举足轻重的关键影响。绿色信贷政策通过对节能减排和生态环保项目和企业的政策倾斜,往往能够在短时间内将资金聚集在有利于环境保护的项目和企业,同时,带动其他生产资料向"绿色"方向流动,从而为我国经济的绿色转型,实现可持续发展提供坚固的资金支持。

(2) 资金导向机制。绿色信贷政策的资金导向机制主要体现在对资金导向的倡导和矫正补充上。一方面,由于绿色企业正外部性的存在,在市场机制下往往无法获得足够的投资支持,在绿色信贷政策下,政府通过对金融机构信贷行为的倡导,向私人部门不愿或无力提供资金的绿色企业和项目发放优惠性贷款,促进绿色企业和行业的发展,实现对市场机制的补充;另一方面,污染企业的污染排放行为对社会经济福利产生负外部性,市场机制下污染企业的私人边际成本小于社会边际成本,绿色信贷政策下对企业的信贷行为进行限制或者提高价格,从而使企业污染排放的外部成本内部化,实现对市场机制的矫正。

(3) 产融结合机制,金融资本的聚集和流向往往能够带动产业资本的集聚。在绿色信贷政策下,信贷资本逐渐在高污染高能耗企业中减少甚至退出,流向资源节约、绿色环保类企业,金融资本在绿色环保类企业的集聚又会进一步吸引产业资本的投资,进而有利于实现生产要素的绿色配置,推动绿色环保企业的发展。

(4) 信息揭示机制。商业银行以安全性、流动性和营利性为经营原则,而企业之间存在一定的异质性,同属于绿色环保企业,不同的企业规模、所属行业、经营理念等都存在一定的差异。在绿色信贷政策下,商业银行通过专业的信息收集、处理机构,对申请贷款的投资项目和企业的环境风险、投资前景、信用风险等进行有效评估和甄别,从而发现最具有投资价值的绿色项目和企业，在风险收益可控的前提下，积极给予信贷支持，使资本绿色配置的效率达到最大化。此外，绿色信贷中信息揭示机制大大提高了投资信息的透明度，鼓励金融市场上其他投资者更多地选择绿色企业和项目进行投资，从而对绿色信贷产生一种溢出效应。在金融市场上，商业银行具有其他投资者所没有的信息搜集及处理优势，绿色信贷政策下商业银行掌握大量关于企业和项目的成本、风险和收益的信息流，绿色信贷的发放和投向直接向其他投资者传递了企业的相关信息，从而引导其他投资者的投资行为，提高资本的绿色配置的质量。

我国绿色信贷的政策实践表明，绿色信贷主要是通过贷款期限、贷款利率、贷款额度和贷款投向的差异化设置来调节资金在绿色环保企业和污染企业之间的配置，即通过对信贷价格和数量的调整来实现信贷资金的绿色配置。2007 年 7 月 12 日，原环保局、中国人民银行和原银监会联合发布了《关于落实环境保护政策法规防范信贷风险的意见》（以下简称《意见》），根据《意见》精神，金融机构在信贷业务中加强对环境因素的审核和管理，在融资渠道上对微观企业的环境违法行为进行制约和监督，在具体的经营业务中要在风险可以控制的前提下，对国家环境保护政策或产业发展政策中鼓励类的项目或企业通过一定的信贷手段给予信贷支持；对于申请融资来新开发或建设限制和淘汰类的项目或企业，不予批准信贷申请；对于已有的属于国家政策限制类的项目或企业，同时国家政策允许其进行升级改造的，可以按照信贷规则继续给予信贷支持；对于淘汰类项目，要进行信贷限制，并采取措施收回已发放的贷款。在银行操作层面，对于绿色环保企业的信贷支持主要体现在延长贷款期限、提供优惠利率、提高审批效率、增加贷款额度等，具体可以分为价格型调整和数量型调整两类政策手段，例如，兴业银行在信贷业务中，对于环保类企业或企业用于减少污染排放的贷款，往往会延长贷款期限或者提供优惠利率；中国农业发展银行规定对涉及绿色信贷的项目提高审批效率；对于淘汰类的信贷限制主要体现在贷款额度限制、提高利率、收回贷款等。对新建项目或企业的信贷调控直接影响经济系统中资金的流量方向，对现有项目或企业的信贷调控直接影响经济系统中资本存量的变化，资金流量和存量的变化又会引起产业资本的变动，产业资本和资金配置结构的变化直接对企业的生产决策产生影响。绿色信贷政策下，使得资金和各类生产要素在资源节约、绿色环保的行业集聚，促进其发展，减少对高污染高能耗行业的信贷投放，减弱其投资扩张能力，激励其进行生产技术的改造，完成绿色转型，最终在宏观层面会影响整个宏观经济产出、污染排放和社会福利，同时，经济结构的绿色化会反过来降低银行信贷资产的环境风险，提高金融机构将信贷资金投放于环境友好型产业的动力，形成良性循环。绿色信贷对产出和福利产生影响的整个机制和路径，如图 5 - 5 所示。

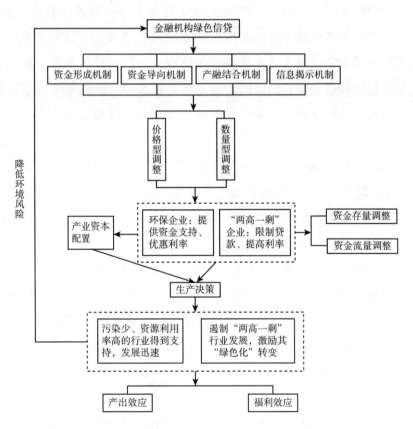

图 5 - 5　绿色信贷对产出和福利的作用机制及影响路径

5.3.2 微观企业的融资需求分析

绿色信贷对产出和福利的影响程度，除了与市场的发展程度、绿色信贷本身的制度设计相关外，微观主体的行为决策也对绿色信贷的效果产生了重要的影响。具体来说，经济生活中微观企业面临多种融资方式，企业对于不同融资方式的选择，一定程度上决定了绿色信贷政策实施的有效性，银行业金融机构通过信贷价格和数量的调整来引导资金的流向，进而对企业的融资需求、产出和福利等产生影响，那么，微观企业在融资结构中对信贷的需求状况到底是怎样的？

优序融资理论认为，在投融资市场上存在着普遍的信息不对称，企业内部经营者相较于外部投资者和债权人，掌握更多关于企业的经验管理及风险的信息，外部投资者和债权人试图通过各种手段获取有关企业资产价值的信息，同时，企业的管理者向外界传递有利于自身融资的信息，当存在外部融资需求时为了避免价值被低估，企业一般会选择低估程度较小的债务融资，因为企业管理层更倾向于在股价被高估时发行股票（Loughran and Ritter，1995），[①] 而外部投资者也深知这一点，增发会向股票市场传递负面信号，引起股价的下跌，使用债务融资则可以向市场表明价值并未被高估，向市场传递正面的信号。因此，公司合理的融资顺序应当是内部融资、债务融资和股权融资（Myers and Majluf，1984）。[②] 内部融资是满足微观企业长期融资需求的一个重要渠道，主要是通过将生产经营的利润部分留存来实现，但是，绿色项目的投资建设具有前期投入大、建设周期长、沉淀成本高等特征，仅依靠自身的内部融资很难承担绿色项目所需的巨额前期投入，导致投资不足，最终影响我国经济的绿色转型。外部融资依然是绿色项目和企

---

① Loughran T, Ritter J R. The New Issues Puzzle [J]. Journal of Finance, 1995, 50 (1): 23 –51.

② Myers S C, Majluf N S. Corporate Financing and Investment Decisions When Firms Have Information that Investors do not Have [J]. Journal of Financial Economics, 1984, 13 (2): 187 –221.

业重要的资金来源，而在外部融资中，企业更倾向于债务融资而非股权融资，这主要是因为股权融资容易造成新老股东利益不均衡的现象，在中国企业的融资结构中，企业更倾向于银行信贷的债务融资。在近十年的社会融资结构中，非金融机构企业的外部融资主要依赖于银行贷款，占比80%以上，其次是债券融资和股票融资，如图 5 - 6 所示，验证了绿色信贷在绿色金融中的地位将是非常重要的。相较于绿色债券，绿色信贷对于实现经济的绿色转型和可持续发展起到更加重要的作用。

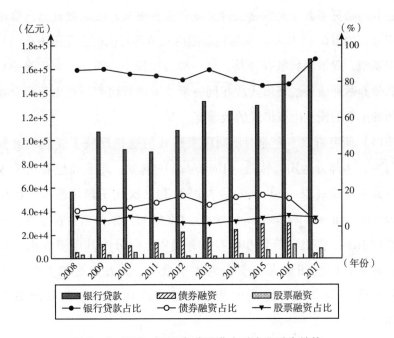

图 5 - 6　2008 ~ 2017 年我国非金融企业融资结构

资料来源：国家统计局，http：//www. stats. gov. cn/。

银行信贷为主的融资结构与我国金融市场的发展程度具有重要的关系，我国长期以来是以银行为中心的金融体系，虽然经过二十几年的迅速发展，我国资本市场中的股票、债券等直接融资方式在社会融资规模中的占比也快速增长，但由于直接融资的门槛、市场发展情况的制约，银行业金融机构的贷款依然是我国微观企业依赖的主要外部融资渠道。那么，在有限的融资渠道下，银行贷款成为企业融资选择的"必需品"，政府部门为了达到一定的政策目的，往往会借助信贷工具作用于市场经济。当企业对信贷政策的变化不敏感时，就会使得信贷政策的实施效果大打折扣，绿色信贷政策也是在政府主导下，对企业融资行为直接进行规范引导的一种信贷政策，那么，在研究绿色信贷的实施效果之前，非常有必要就微观主体对信贷政策的敏感度开展相关的研究。

在银行贷款、债券融资和股票融资三种外部融资渠道中，我国非金融企业的融资来源主要依靠银行贷款和债券融资，股票融资只占很小的一部分，如图 5 - 6 所示。从绿色金融的视角出发，也主要集中在信贷和债券领域，股票领域虽有涉及，但一般占比较小，因此，本章将银行贷款和债券两种债务融资形式放在同一框架下进行研究，对比分析企业对这两种主要的债务融资形式的敏感度。

（1）研究方法。企业对不同融资形式的选择反映了企业的融资需求行为，本部分运用鹿特丹（Rotterdam）模型、几乎理想需求系统模型（almost ideal demand system，AIDS）和二次几乎理想需求系统模型（quadratic almost ideal demand system，QUAIDS）来分析企业是如何在其预算约束下，在银行信贷和债券债务融资之间分配其融资支出，以使其由此获得的效用最大或支出的成本最小，并在此基础上分析银行信贷融资和债券融资之间的相互关系，以期对绿色信贷政策给予证明。

本部分之所以会选择三个需求系统模型对企业的债务融资需求进行分析，主要出于两个方面的考虑：一方面，需求系统模型需要满足一定的理论约束条件，同时运用三个需求系统模型可以针对实际的经济问题选择与理论一致的模型进行估计；另一方面，三个模型之间的结果可以相互印证，起到一个类似于稳健性检验的作用。此外，这三个需求系统模型是在消费者需求领域被广泛应用，如农产品消费、食物消费、能源消费的需求分析（郑志浩等，2016；Sun and Ouyang，2016；

Aepli，2014）。[1][2][3] 也有部分学者将 AIDS 和 QUAIDS 模型用于研究消费者对金融产品的需求分析中（Syriopoulos，2002；Hughes et al.，2000；Ochmann，2013），[4][5][6] 具体模型如下。

第一种，Rotterdam 模型。以泰勒定理为基础的 Rotterdam 模型最初是由泰尔（Theil，1965）[7] 和巴滕（Barten，1964）[8] 提出，Rotterdam 模型以双对数函数形式为起点：

$$\ln q_i = \alpha_i + e_i \ln y + \sum_{i=1}^{n} e_{ik} \ln p_k \qquad (5-13)$$

其中，q_i 代表企业融资第 i 种融资方式获取的资金数量，本部分指企业获得资金的价值量；p_k 是企业融资的价格即利率；y 指企业融资的支出；e_i 和 e_{ik} 分别指企业融资的支出弹性和马歇尔价格弹性，对式（5-13）两边进行微分，得到：

$$\mathrm{d}\ln q_i = e_i \mathrm{d}\ln y + \sum_{k=1}^{n} e_{ik} \mathrm{d}\ln p_k \qquad (5-14)$$

根据斯勒茨基方程，式（5-14）可以变为：

---

① 郑志浩，高颖，赵殷钰. 收入增长对城镇居民食物消费模式的影响 [J]. 经济学（季刊），2016，15（1）：263-288.

② Sun C, Ouyang X. Price and Expenditure Elasticities of Residential Energy Demand During Urbanization：An Empirical Analysis Based on the Household-level Survey Data in China [J]. Energy Policy，2016，88：56-63.

③ Aepli M. Consumer Demand for Alcoholic Beverages in Switzerland：A Two-stage Quadratic Almost Ideal Demand System for Low，Moderate，and Heavy Drinking Households [J]. Agricultural and Food Economics，2014，2（1）：15.

④ Syriopoulos T. Risk Aversion and Portfolio Allocation to Mutual Fund Classes [J]. International Review of Economics & Finance，2002，11（4）：427-447.

⑤ Hughes J P, Lang W, Mester L J, et al. Recovering Risky Technologies Using the Almost Ideal Demand System：An Application to US Banking [J]. Journal of Financial Services Research，2000，18（1）：5-27.

⑥ Ochmann R. Asset Demand in the Financial AIDS Portfolio Model-evidence from a Major Tax Reform [J]. Applied Financial Economics，2013，23（8）：649-670.

⑦ Theil H. The Information Approach to Demand Analysis [J]. Econometrica，1965，33：67-87.

⑧ Barten A P. Consumer Demand Functions under Conditions of Almost Additive Preferences [J]. Econometrica，1964，32：1-38.

$$\mathrm{dln}q_i = e_i \left(\mathrm{dln}y - \sum_{k=1}^{n} w_k \mathrm{dln}p_k \right) + \sum_{k=1}^{n} \theta_{ik} \mathrm{dln}p_k \qquad (5-15)$$

其中，θ_{ik} 为希克斯价格弹性，将式（5－15）两边同时乘以企业第 i 种融资形式的支出份额 w_i，并简化得：

$$w_i \mathrm{dln}q_i = \alpha_i \mathrm{dln}Q + \sum_{k=1}^{n} \gamma_{ik} \mathrm{dln}p_k \qquad (5-16)$$

且，

$$\mathrm{dln}Q = \sum_{k=1}^{n} w_k \mathrm{dln}q_k \qquad (5-17)$$

$$\alpha_i = w_i e_i \qquad (5-18)$$

$$\gamma_{ik} = w_i \theta_{ik} \qquad (5-19)$$

根据新古典经济理论，Rotterdam 模型需要满足一定的理论约束条件，具体来说包括：

加总性（adding-up）条件：$\sum_{i=1}^{n} \alpha_1 = 1$，$\sum_{i=1}^{n} \gamma_{ik} = 0$；

齐次性（homogeneity）条件：$\sum_{i=1}^{n} \gamma_{ik} = 0$；

对称性（symmetry）条件：$\gamma_{ik} = \gamma_{ki}$。

加总性来源于预算约束，意味着将企业对银行贷款和债券融资的需求看成整体，并且假设企业债券融资支出等于企业支付的银行贷款利息和债券利息之和，即马歇尔和希克斯需求的价值量之和等于总支出；齐次性同样来源于预算约束，意味着价格和收入同比例增加时，需求量不会发生变化，即企业的融资决策取决于其实际收入和相对价格的变化；对称性来源于成本函数，要求希克斯需求函数的交叉价格导数相等。

此外，根据需求理论 Rotterdam 模型还要满足曲率（curvature）性质、正向性（positivity）及单调性（monotonicity）条件。其中，曲率性质来源于成本函数的凹性特征，要求成本函数的海赛矩阵是半负定的，这也就意味着希克斯自价格弹性是非正值，根据迪顿和穆尔鲍尔（Deaton and Muellbauer，1980)[1] 的相关研究成果，可以利用矩阵 γ 来检验曲率性质，其中，$\gamma = [\gamma_{ij}] = [s_{ij}]$，而 $s_{ij} = \partial h_i / \partial p_j = \partial q_i / \partial p_j + (\partial q_i / \partial y) q_j$，正向性意味着对于估计后的间接效用函数或成本函数在所有样本观测点上的值均为正 (Serletis and Feng，2015；Serletis and Shahmoradi，2007)；[2][3] 单调性意味着间接效用函数的一阶导数是负数，或者成本函数的一阶导数为非负。[4][5]

支出弹性：

$$e_i = \alpha_i / w_i \qquad (5-20)$$

补偿价格弹性：

$$\theta_{ik} = \gamma_{ik} / w_i \qquad (5-21)$$

第二种，AIDS (almost ideal demand system) 模型。AIDS 模型最早是由迪顿和穆尔鲍尔 (1980)[6]提出，以成本函数为建模的基础，模型追求在给定的价格体系和效用水平下实现成本的最小化，假设消费者的行为满足价格独立的广义对数 (price independent generalized log，PIGLOG) 偏好假说，即支出函数形式如下式：

$$\log c(u,p) = (1-u)\log a(p) + u\log b(p) \qquad (5-22)$$

其中，u ($0 \leqslant u \leqslant 1$) 为效用指标，当效用 $u=0$ 时，$c(u,p) = a(p)$，意味着消费者处于维持生计的水平；当效用 $u=1$ 时，$c(u,p) = b(p)$，意味着消费者生活在幸福之中。p 为价格向量，同时 $a(p)$ 和 $b(p)$ 满足下式：

$$\ln a(p) = \alpha_0 + \sum_{k=1}^{n} \alpha_k \ln p_k + 0.5 \sum_{k=1}^{n} \sum_{j=1}^{n} \gamma_{kj}^* \ln p_k \ln p_j \qquad (5-23)$$

$$\ln b(p) = \ln a(p) + \beta_0 \prod_{k=1}^{n} p_k^{\beta_k} \qquad (5-24)$$

①⑥ Deaton A，Muellbauer J. Economics and Consumer Behavior [M]. Cambridge：Cambridge University Press，1980.

②④ Serletis A，Feng G. Imposing Theoretical Regularity on Flexible Functional Forms [J]. Econometric Reviews，2015，34 (1-2)：30.

③⑤ Serletis A，Shahmoradi A. Flexible Functional Forms，Curvature Conditions，and the Demand for Assets [J]. Macroeconomic Dynamics，2007，11 (4)：455-486.

其中，α、β 和 γ 为待估计参数，此时成本函数变为：

$$\log c(u,p) = \alpha_0 + \sum_{k=1}^{n} \alpha_k \ln p_k + 0.5 \sum_{k=1}^{n} \sum_{j=1}^{n} \gamma_{kj}^* \ln p_k \ln p_j + \beta_0 \prod_{k=1}^{n} p_k^{\beta_k}$$

$$(5-25)$$

且，

$$\frac{\partial \log c(u,p)}{\partial \log p_i} = \frac{p_i q_i}{c(u,p)} = w_i \qquad (5-26)$$

w_i 是企业第 i 种债务融资形式支出占债务融资总支出的比重，同时：

$$w_i = \alpha_i + \sum_{j=1}^{n} \gamma_{ij} \ln p_j + \beta_i u \beta_0 \prod_{k=1}^{n} p_k^{\beta_k} \qquad (5-27)$$

其中，$\gamma_{ij} = 0.5(\gamma_{ij}^* + \gamma_{ji}^*)$，为企业在一定的价格水平和效用水平下最小化融资支出，此时支出水平 c 即为企业的实际预算支出 y，由式（5 - 22）式解出 u 代入式（5 - 27），可以得到预算份额 w_i 形式的 AIDS 模型：

$$w_i = \alpha_i + \sum_{j=1}^{n} \gamma_{ij} \ln p_j + \beta_i \ln\left(\frac{y}{a(p)}\right) \qquad (5-28)$$

为了得到与理论一致的研究结论，AIDS 模型中的待估计参数需要建立在一定的理论约束条件基础之上，具体包括：

加总性（adding-up）条件：$\sum_{i=1}^{n} \alpha_i = 1$，$\sum_{i=1}^{n} \gamma_{ij} = 0$，$\sum_{i=1}^{n} \beta_i = 0$；

齐次性（homogeneity）条件：$\sum_{j=1}^{n} \gamma_{ij} = 0$；

对称性（symmetry）条件：$\gamma_{ij} = \gamma_{ji}$。

但是正向性、单调性和曲率性质还需要进一步的验证，迪顿和穆尔鲍尔（1980）[1] 建议通过检验 $k_{ij} = p_i p_j s_{ij}/y$ 来验证模型的曲率性质，其中：

$$k_{ij} = \gamma_{ij} + \beta_i \beta_j \ln\left(\frac{y}{a(p)}\right) - w_i \delta_{ij} + w_i w_j \qquad (5-29)$$

---

① Deaton A, Muellbauer J. Economics and Consumer Behavior [M]. Cambridge：Cambridge University Press, 1980.

当 $i = j$ 时，$\delta = 1$，否则 $\delta = 0$，如果矩阵 K 的特征值等于或小于 0，则说明 AIDS 模型满足曲率性质条件，否则不满足。

AIDS 模型中支出弹性的定义为：

$$e_i = 1 + \frac{\beta_i}{w_i} \tag{5-30}$$

非补偿价格弹性的定义为：

$$e_{ij} = -\delta_{ij} + w_i^{-1} \left[\gamma_{ij} - \beta_i \left(\alpha_i + \sum_{j=1}^{n} \gamma_{ij} \ln p_j \right) \right] \tag{5-31}$$

第三种，QUAIDS（quadratic almost ideal demand system）模型。QUAIDS 模型是在 AIDS 模型的基础上发展出来的需求系统模型。与 AIDS 模型类似，QUAIDS 模型既适用于微观住户数据，也可用于汇总数据，此外，QUAIDS 模型还能够反映出被研究物品边际支出份额随着收入水平的变化而发生非线性变化的属性。因此，本部分选择运用 QUAIDS 模型构建我国企业债务融资的需求体系，研究我国企业的融资需求行为，收入、价格因素对企业在债务融资配置（银行贷款和债券）方面的影响，同时假设企业对银行贷款和债券的债务融资需求与其他融资形式之间存在弱可分性。

QUAIDS 模型是班克斯等（Banks et al.，1997）[1] 基于满足 PIGLOG 偏好需求体系的间接效用提出的。

$$\ln v(p, y) = \left[\left(\frac{\ln y - \ln a(p)}{b(p)} \right)^{-1} + \lambda(p) \right]^{-1} \tag{5-32}$$

其中，p 是价格向量，即融资价格向量；y 是购买商品的总消费支出，在本部分指企业融资支出；$a(p)$、$b(p)$ 和 $\lambda(p)$ 是关于价格指数 p 的函数，其表达式如下式：

$$\ln a(p) = \alpha_0 + \sum_{k=1}^{n} \alpha_k \ln p_k + 0.5 \sum_{k=1}^{n} \sum_{j=1}^{n} \gamma_{kj}^* \ln p_k \ln p_j \tag{5-33}$$

---

① Banks J, Blundell R, Lewbel A. Quadratic Engel Curves and Consumer Demand [J]. Review of Economics and Statistics, 1997, 79: 527 – 539.

$$\ln b(p) = \beta_0 \prod_{k=1}^{n} p_k^{\beta_k} \qquad (5-34)$$

$$\lambda(p) = \sum_{k=1}^{n} \lambda_k \ln p_k \qquad (5-35)$$

同时，$\sum_{k=1}^{n} \lambda_k = 0$，$k = 1$，$2$，$\cdots$，$n$ 代表企业融资的种类，在给定的融资价格体系和一定的微观企业效用水平下，企业追求最低支出水平来满足既定的效用水平。可以根据 $\ln y$ 获得成本函数：

$$\ln c \equiv \ln y = \ln a(p) + \frac{b(p)\ln v(p,y)}{1 - \lambda(p)\ln v(p,y)} \qquad (5-36)$$

然后，将谢泼特引理运用到成本函数或将 Roy 定理应用到间接效用函数，最后以预算份额的形式获得二次近似理想需求系统的形式：

$$w_i = \alpha_i + \sum_{j=1}^{n} \gamma_{ij}\ln p_j + \beta_i \ln\left(\frac{y}{a(p)}\right) + \frac{\lambda_i}{b(p)}\left[\ln\left(\frac{y}{a(p)}\right)\right]^2 \qquad (5-37)$$

其中，w_i 为第 i 种融资支出在企业融资总支出中所占的比例，满足 $\sum w_i = 1$，p_j 为企业第 j 种融资形式的价格，α、β、γ 和 λ 为待估计参数。根据新古典经济理论，QUAIDS 模型需要满足一定的理论约束条件，具体包括：

加总性（adding-up）条件：$\sum_{i=1}^{n}\alpha_i = 1$，$\sum_{i=1}^{n}\gamma_{ij} = 0$，$\sum_{i=1}^{n}\beta_i = 0$，$\sum_{k=1}^{n}\lambda_k = 0$；

齐次性（homogeneity）条件：$\sum_{j=1}^{n}\gamma_{ij} = 0$；

对称性（symmetry）条件：$\gamma_{ij} = \gamma_{ji}$。

同样地，模型的曲率性质、正向性及单调性还需要进一步地验证。其中，班克斯等（1997）[①] 建议可以通过检验矩阵 $w_i[e_{ij}^c]$ 来评估 QUAIDS 模型的曲率，这个矩阵一般应是对称的和半负定的，其中，e_{ij}^c 为补偿价格弹性。

---

① Banks J, Blundell R, Lewbel A. Quadratic Engel Curves and Consumer Demand [J]. Review of Economics and Statistics, 1997, 79: 527-539.

支出弹性：

$$e_i = 1 + w_i^{-1}\left[\beta_i + \frac{2\lambda_i}{b(p)}\ln\left(\frac{y}{a(p)}\right)\right] \qquad (5-38)$$

非补偿价格弹性：

$$e_{ij}^u = w_i^{-1}\left\{\gamma_{ij} - \left(\beta_i + \frac{2\lambda_i}{b(p)}\right)\left[\ln\left(\frac{y}{a(p)}\right)\right]\left(\alpha_j + \sum_{k=1}^n \gamma_{jk}\ln p_k\right)\right.$$
$$\left. - \frac{\lambda_i\beta_j}{b(p)}\left[\ln\left(\frac{y}{a(p)}\right)\right]^2\right\} - \delta_{ij} \qquad (5-39)$$

补偿价格弹性：

$$e_{ij}^c = e_{ij}^u + e_i w_j \qquad (5-40)$$

其中，若 $i=j$，则 $\delta=1$，否则 $\delta=0$。

根据新古典经济理论，需求系统模型的运用必须满足一定的理论约束条件，因此，在具体的模型运用中，本部分首先对模型参数施加加总性、齐次性和对称性的理论约束条件限制来估计参数；其次根据模型各参数的估计结果对模型的曲率、单调性和正向性进行检验；最后根据模型参数估计的结果，按照各个模型弹性公式的定义分别估计企业各类债务融资的支出弹性、非补偿需求价格弹性（马歇尔价格弹性）和补偿需求价格弹性（希克斯价格弹性）。

（2）数据描述及处理。本章将企业的债务融资需求分为短期贷款、中长期贷款和债券融资需求三种形式，这主要是考虑到债券融资的期限一般较长，而银行贷款的期限和价格的跨度都比较大，因此，将银行贷款需求拆分为短期贷款和中长期贷款分别进行研究，提高企业银行贷款融资和债券融资的可比性，同时还可以从期限上考察企业对不同债务融资的需求。考虑到数据的可获性以及样本的代表性，本部分采用 2014 年9 月至 2017 年 12 月，北京、福建、甘肃、广东、广西、海南、河北、江苏、内蒙古、青海、山东、陕西、上海、四川、西藏、新疆、浙江 17 个省区市企业贷款和债券的月度非平衡面板数据，这 17 个省区市涵盖了我国东部、中部、西部区域，样本具有一定的代表性。

企业债务融资的数量即为企业获得的银行贷款或者发行债券所获得的价值量，具体来说，短期贷款和中长期贷款数据来自省级非金融企业及机关团体贷款，债券数据主要核算了企业债和公司债的发行情况，按照发行人所在地区，核算每个月仍在存续期的所属省区市债券的发行总额。企业债务融资的价格即为企业为了获取资金需要支付的利率，由于省级贷款利率的数据缺失，我们用基准利率和省级利率浮动区间及占比核算每个省区市的贷款利率，同时借鉴唐戈等（2017）[①] 的做法，从中去除掉住房贷款带来的影响，因为在我国的住房贷款发放中都存在不同程度的优惠力度，我们将经过处理的贷款利率作为企业贷款的实际融资成本的衡量。债券的利率则是用所属省区市所有公司债和企业债票面利率的加权平均。最后将所有的利率转换为月度值，企业债务融资的支出即为债务融资数量乘以债务融资价格。具体原始数据来源于 Wind 经济数据库，并经过一定的数据处理得到，主要变量的描述性统计见表 5-1。

表 5-1　　　　　　　　　主要变量的描述性统计

变量名	观测值	均值	标准差	最小值	最大值
短期贷款利率 p1	619	0.0046	0.0006	0.0033	0.0066
中长期贷款利率 p2	619	0.0051	0.0006	0.0037	0.0074
债券利率 p3	619	0.0039	0.0014	0.0006	0.0060
短期贷款融资额 q1（亿元）	619	10164.82	9079.55	260.61	30307.44
中长期贷款融资额 q2（亿元）	619	13747.26	9373.05	1009.15	38558.35
债券融资额 q3（亿元）	619	3442.394	4176.61	0	19507.07
短期贷款融资支出 y1（亿元）	619	46.83	42.31	0.9892	168.40
中长期贷款融资支出 y2（亿元）	619	69.4012	46.43527	5.12061	194.8584
债券融资支出 y3（亿元）	619	12.87018	15.66151	0	76.52169

---

① 唐戈，孙涤，杨勤宇．贷款与债券：融资成本比较与选择 [J]．金融市场研究，2017 (11)：92-100．

（3）估计结果分析。对于 Rotterdam 模型，我们运用 Zellner's 的似不相关回归来估计参数，同时，运用非线性似不相关回归对 AIDS 模型和 QUAIDS 模型的参数进行估计，此外我们对模型施加了加总性、齐次性和对称性的理论约束条件的限制，考虑到预先施加过多的约束条件会限制模型的自由度，因此，对模型的曲率性质、正向性和单调性进行了估计后的验证。在实际操作过程中，根据巴滕（Barten，1969）[1] 的做法，我们在模型估计时删掉最后一个等式，这是因为在模型的基本假设中企业的债务融资的预算份额总和为 1，这将使得协方差矩阵产生奇异。表 5 - 2 呈现了 Rotterdam、AIDS 和 QUAIDS 模型的参数估计结果。根据新古典微观经济理论，需求系统模型受制于一定的理论约束，因此，我们运用前面讨论的方法对三个模型施加了加总性、齐次性和对称性的限制条件，这就意味着到目前为止，这三个模型仅满足上述三个理论约束条件。

表 5 - 2　　**Rotterdam 模型、AIDS 模型和 QUAIDS 模型的参数估计**

参数	Rotterdam 模型	AIDS 模型	QUAIDS 模型
α_1	0.224（0.017）	10.778（0.436）	0.144（0.029）
α_2	0.770（0.019）	-14.274（0.403）	0.814（0.029）
α_3	0.006（0.011）	4.497（0.290）	0.042（0.005）
γ_{11}	0.046（0.03）	0.533（0.278）	-0.416（0.292）
γ_{21}	-0.048（0.03）	-0.761（0.275）	0.594（0.288）
γ_{31}	0.001（0.003）	0.228（0.029）	-0.178（0.023）
γ_{22}	0.052（0.03）	1.192（0.276）	-0.693（0.284）
γ_{32}	-0.004（0.003）	-0.432（0.042）	0.099（0.021）
γ_{33}	0.002（0.002）	0.204（0.024）	0.079（0.013）
β_1			0.282（0.019）
β_2			-0.313（0.019）

[1]　Barten A P. Maximum Likelihood Estimation of a Complete System of Demand [J]. European Economic Review, 1969, 1 (1): 7 -73.

续表

参数	Rotterdam 模型	AIDS 模型	QUAIDS 模型
β_3			0.031（0.012）
λ_1			−0.105（0.016）
λ_2			0.065（0.015）
λ_3			0.039（0.009）
正向性	√	√	√
单调性	√	√	√

注：变量的下标1、2、3表示商品，其中商品1为企业的短期贷款，商品2为企业的中长期贷款，商品3为企业的债券融资；括号中为标准误。

　　一般而言，在政策分析中消费者需求函数应用的一个核心就是估计需求系统的系数，这样就可以从这些系数中去计算消费者的支出弹性和价格弹性。基于上述参数估计和解释变量的样本均值，我们估算了我国企业债务融资需求的支出弹性和价格弹性，见表5－3，并使用 Delta 方法计算括号中的标准误差。

表5－3　　　　　　　　　　企业债务融资的价格弹性和支出弹性

商品	模型	支出弹性	非补偿价格弹性			补偿价格弹性		
		e_i	e_{i1}^u	e_{i2}^u	e_{i3}^u	e_{i1}^c	e_{i2}^c	e_{i3}^c
短期贷款	Rotterdam	0.745 (0.056)	−0.07 (0.103)	−0.599 (0.104)	−0.075 (0.013)	0.154 (0.101)	−0.159 (0.100)	0.005 (0.011)
	AIDS	1.249 (0.104)	−1.899 (0.914)	1.009 (0.899)	−0.359 (0.071)	−1.523 (0.914)	1.748 (0.899)	−0.225 (0.071)
	QUAIDS	1.462 (0.027)	−2.422 (0.975)	1.576 (0.955)	−0.615 (0.076)	−1.983 (0.974)	2.441 (0.957)	−0.458 (0.077)
中长期贷款	Rotterdam	1.3 (0.031)	−1.595 (0.064)	−0.682 (0.054)	−0.146 (0.007)	−0.081 (0.051)	0.087 (0.051)	−0.006 (0.006)
	AIDS	0.820 (0.005)	0.642 (0.457)	−1.537 (0.451)	0.075 (0.033)	0.889 (0.457)	−1.051 (0.452)	0.163 (0.033)
	QUAIDS	0.621 (0.013)	1.058 (0.487)	−1.869 (0.479)	0.189 (0.036)	1.245 (0.486)	−1.501 (0.480)	0.256 (0.037)

商品	模型	支出弹性	非补偿价格弹性			补偿价格弹性		
		e_i	e_{i1}^u	e_{i2}^u	e_{i3}^u	e_{i1}^c	e_{i2}^c	e_{i3}^c
债券	Rotterdam	0.058 (0.099)	-0.004 (0.043)	-0.069 (0.066)	0.016 (0.023)	0.013 (0.031)	-0.035 (0.034)	0.022 (0.019)
	AIDS	1.293 (0.019)	-1.02 (0.199)	0.134 (0.18)	-0.406 (0.128)	-0.632 (0.199)	0.899 (0.181)	-0.267 (0.128)
	QUAIDS	1.797 (0.047)	-1.849 (0.218)	0.374 (0.204)	-0.321 (0.124)	-1.309 (0.216)	1.438 (0.201)	-0.129 (0.125)

注：变量的下标 1、2、3 表示商品，其中商品 1 为企业的短期贷款，商品 2 为企业的中长期贷款，商品 3 为企业的债券融资，括号中为标准误。

由前面讨论可知，表 5 - 2 中的结果符合加总性、齐次性和对称性的理论约束条件，但我们尚且不能对模型是否满足曲率条件、正向性、单调性的理论约束条件得出结论，因此，我们分别使用前面讨论的方法验证 Rotterdam 模型、AIDS 模型和 QUAIDS 模型的曲率条件、正向性、单调性质。正向性和单调性的测试结果显示，在所有样本点不存在违反理论约束的点，最后我们运用前面的方法验证这三个模型的曲率条件，对于 Rotterdam 模型而言，矩阵 γ 为：

$$\begin{bmatrix} 0.0463722 & & \\ -0.0477755 & 0.0515426 & \\ 0.0014033 & -0.0037671 & 0.0023639 \end{bmatrix} \quad (5-41)$$

由此，可得矩阵 γ 的特征值为 0.09694756，0.00333111 和 3.333×10^{-8}，存在大于 0 的特征值，因此，Rotterdam 模型不满足曲率的约束条件，这就意味着由 Rotterdam 模型估计出的参数和弹性值变得无效。

对于 AIDS 模型矩阵 K 为：

$$\begin{bmatrix} -0.77432551 & & \\ 0.8347848 & -0.90806878 & \\ -0.06045929 & 0.07328399 & -0.0128247 \end{bmatrix} \quad (5-42)$$

求得特征值为 -6.762×10^{-17}，-0.01117877 和 -1.6840402，均小于 0，表明 AIDS 模型满足曲率的理论约束条件，至此 AIDS 模型满足了所有的理论约束条件（加总性、齐次性、对称性、曲率、单调性和正向性），因此，由 AIDS 模型估计出的弹性值开始变得有意义。

对于 QUAIDS 模型，由 $w_i[e_{ij}^c]$ 构成的矩阵为：

$$
\begin{bmatrix}
-0.59656493 & & \\
0.37455413 & -0.88855726 & \\
-0.0491141 & 0.02746843 & -0.01383312
\end{bmatrix}
\tag{5-43}
$$

求得特征值为 -0.00969932，-0.34244998 和 -1.146806，均小于 0，表明 QUAIDS 模型满足曲率的理论约束条件，同样地，至此 QUAIDS 模型满足了所有的理论约束条件（加总性、齐次性、对称性、曲率、单调性和正向性），因此，由 QUAIDS 模型估计出的弹性值也是有意义的。

由表 5-3 可知，基于 AIDS 模型和 QUAIDS 模型的支出弹性均为正值，意味着从企业债务融资视角出发，短期贷款、中长期贷款和债券均是正常品，具体来说，短期贷款和债券的支出弹性均大于 1，中长期贷款的支出弹性小于 1，这意味着当企业融资预算增加时，优先考虑的是短期贷款和债券融资，同时是企业债务融资短期和长期的期限配置。同样，长期债务融资时，当企业的融资预算增加时，会优先考虑的是债券融资而不是中长期贷款。根据银行贷款与企业债券比较理论，[①] 相较于银行贷款，企业债券存在一定的优势，相应地，债券融资也是微观企业在构建最优资本结构过程中不可缺少的一种融资渠道。通过我国债券市场和银行信贷市场的实际运行可以看到，对于企业融资者来说，债券在融资规模、资金运用、流动性等方面具有一定的比较优势，见表 5-4，所以，当企业的融资预算增加时会优先考虑进行债券融资。同时，融资成

---

① Diamond D W. Monitoring and Reputation: The Choice Between Bank Loans and Directly Placed Debt [J]. Journal of Political Economy, 1991, 99 (4): 689-721.

本是企业进行融资决策时考量的重要因素之一，直接融资形式债券的融资成本低于间接融资形式的银行贷款，发行债券节约了商业银行为了必要的经营利润所要求的价格加成。郭斌（2005）认为，与银行贷款成本相比，债券的规模成本优势更明显，而且在付息方式上，债券一般是按年度支付利息或是到期时一次还本付息，银行贷款通常按照季度支付利息，此外复利的计息方式也相应地增加了银行贷款的成本。[①] 相较于银行贷款，债券具有价格信号作用，债券的定价包含了比银行贷款更为复杂的市场内容，债券价格包含的市场信息一方面能够帮助公司更好地进行投资决策，另一方面也向外界投资者传递企业相关的信息，减少信息不对称。此外，当货币政策发生变动时，发行债券的数量和价格一般受到的影响较小，而银行贷款会受到信贷渠道的作用影响较大，当监管部门制定紧缩的货币政策时，货币政策的信贷渠道收窄，可以发放的贷款减少，那么，若此时微观企业的主要生产经营资金来源于商业银行的贷款，则其生产经营状况会因货币政策的变动而恶化，而公司债券是分散向社会发行的，因此，当货币政策变化时，企业的债券融资渠道受到的影响相对较小。

表 5-4　　　　　　　　　　　中长期贷款与债券的比较

类型	中长期贷款	债券
融资规模	除组成银团贷款外，一般规模较小	一般规模较大
偿还方式	一般为季度付息	一般一年付一次息或者到期一次还本付息
担保或抵押	一般需要担保或抵押	一般不需要担保或抵押
资金运用	一般受到限制，有特定的用途	一般不受限制
债权人	商业银行	无特定债权人
流动性	不可转换，流动性差	可转换，有较好的流动性

表 5-3 的结果显示，AIDS 模型和 QUAIDS 模型估计下短期贷款、

---

① 郭斌. 企业债务融资方式选择理论综述及其启示［J］. 金融研究，2005（3）：145-157.

中长期贷款和债券的自价格弹性均为负值，这与需求理论一致，同时，可以看到这三类融资产品的非补偿价格弹性均大于补偿价格弹性，这是因为非补偿价格弹性不仅包含价格变动带来的替代效应，还包含价格变动带来的替代效应，而补偿价格弹性仅包含替代效应，这也说明这三种融资产品对企业来讲都是正常品。具体来看，非补偿自价格弹性，短期贷款的自价格弹性最大，其次是中长期贷款，最后是债券，即企业对短期贷款融资价格的变动最为敏感，对债券价格变动最不敏感。一方面，从我国整体的融资结构可以看出，我国企业大部分依赖于银行贷款融资，即银行贷款融资支出占据企业融资预算的绝大比例，债券融资支出占的比例相对较小，因此，当贷款成本发生变化时，企业的融资决策会变得谨慎，对银行贷款融资成本的敏感度要大于债券的敏感度；另一方面，相对于中长期贷款，短期贷款的期限较短、融资的替代品较多，如商业信用、典当融资等，因此，短期贷款的价格弹性大于中长期贷款的价格弹性。

此外，AIDS 模型和 QUAIDS 模型估计结果显示，短期贷款和中长期贷款的交叉价格弹性为正，短期贷款和债券的交叉价格弹性为负，中长期贷款和债券的交叉价格弹性为正，这意味着对于企业融资决策而言，短期贷款和中长期贷款为替代品，短期贷款和债券为互补品，而中长期贷款和债券为替代品。短期贷款、中长期贷款和债券显示了不同的债务期限结构，债务期限结构的不同使得债务契约在功能上存在一定区别，进而造成不同债务融资形式之间的替代互补关系。从债务期限出发，短期贷款和债券的互补关系，中长期贷款和债券的替代关系体现了企业进行债务融资的期限配置，同时，我国的银行债权存在预算软约束（刘娥平和徐海，2013）[①] 和关系型借贷现象（戴国强和钱乐乐，2017）[②]，企

① 刘娥平，徐海. 债务融资硬约束与过度投资治理 [J]. 中山大学学报（社会科学版），2013, 53（6）：192–203.
② 戴国强，钱乐乐. 关系型借贷、债券融资与企业贷款成本——基于信息与竞争机制视角的研究 [J]. 审计与经济研究，2017, 32（5）：62–73.

业可以通过展期等方式延长还款期限，这就在一定程度上使得短期贷款和中长期贷款产生替代关系。

基于我国企业的债务融资需求分析可以得到，企业对银行贷款的需求是富有弹性的，这也就说明我们正在实施的绿色信贷政策能够对企业的融资决策产生重要的影响，绿色信贷政策的一个重要的内容就是通过贷款利率的调整来引导资金的绿色配置，基于 AIDS 模型和 QUAIDS 模型的分析，企业对银行贷款的需求价格弹性是大于 1 的，这也就意味着银行贷款融资需求量的变动幅度要大于利率的变动幅度，那么，对于污染类企业实施的惩罚性高利率会减少污染企业的融资需求，进而减少污染企业的投资和产出水平，对于绿色环保类企业的优惠利率会激发企业的融资需求，进而增加绿色企业的投资和产出水平，最终有助于实现资金的绿色配置。此外，由企业融资的支出弹性可以看到，当企业的融资预算支出增加时，企业更倾向于债券融资，那么，对于绿色金融体系来讲，在大力发展绿色信贷的同时不能忽视绿色债券的发展，全方位地引导资金的绿色配置，为实现经济的绿色转型提供坚实的资金支持。

5.4　本章小结

本章将环境维度纳入经济系统中构建了 CC-LM-EE 分析框架，将整个经济—环境系统划分为信贷市场、货币市场、商品市场和环境系统，在此基础上，用比较静态的方法分析当宏观经济处于不同的环境状态时，信贷市场的变动对产出和福利的影响，同时，进一步分析环境规制下产出和福利效应的变动情况，从理论上证实了绿色信贷能够对产出和福利产生影响，同时，证明了环境规制的变动会对绿色信贷的产出和福利效应产生影响，并进一步总结归纳了绿色信贷影响产出和福利的机制和路径，在此基础上运用 Rotterdam、AIDS 和 QUAIDS 需求系统模型，实证分析了微观企业的债权融资需求，为绿色信贷的实施提供了实证证据。

　　本章为绿色信贷产出和福利效应的分析提供了新的理论分析框架，同时，也将成为本书重要的宏观理论基础，接下来，本书在宏观理论分析的基础上，建立具有微观基础的动态分析模型，并对不同类型绿色信贷的产出和福利效应进行定量测度。

第 6 章 绿色信贷产出和福利效应的实证分析

我国的绿色信贷旨在通过对信贷价格和数量的调控，将信贷资金及其他生产资料引向环境友好型、资源节约型行业，支持绿色产业发展，抑制污染企业的排放行为或迫使企业自发减少污染排放进行绿色转型，最终实现整个宏观经济的绿色发展。第 5 章已经从理论上证实了激励性和惩罚性的绿色信贷政策均能够对产出和福利产生影响，并且环境规制的变动也会在一定程度上使得绿色信贷的政策效果发生变化。但是从短期和中长期来看，绿色信贷到底能够在多大程度上对产出和福利产生影响？价格型和数量型绿色信贷给宏观经济各变量和社会福利带来的影响是否存在差异？绿色信贷产出和福利效应的动态变动趋势是怎样的？

因此，本章在对微观经济主体的行为选择进行分析的基础上引入企业异质性，将中间品厂商分为绿色企业和非绿色企业，同时，引入金融加速器机制、价格粘性和投资调整成本，构建了具有微观基础的新凯恩斯动态随机一般均衡模型，并运用构建的模型分别定量测度了价格型和数量型绿色信贷对产出和福利的动态影响。

6.1 绿色信贷产出和福利效应的 DSGE 模型构建

CC-LM-EE 分析框架是从宏观视角对绿色信贷产出和福利效应的分

析，缺乏一定的微观基础，为了把微观基础、宏观分析和实践很好地结合起来，本部分将从动态随机一般均衡（dynamic stochastic general equilibrium，DSGE）模型的角度，构建以微观经济理论为基础的绿色信贷产出效应和福利效应模型。动态随机一般均衡模型是当代宏观经济学中研究增长与波动的最主流的定量模型。[①] 动态随机一般均衡具有坚实的微观经济理论基础，同时，在模型求解过程中主要借助动态最优的求解思维，来刻画经济系统中微观经济主体在一定的约束条件下进行最优决策的过程。DSGE 模型最早可追溯到由基德兰和普雷斯科特（Kydland and Prescott，1982）[②] 提出的真实经济周期模型（real business cycle，RBC）。RBC 模型对 DSGE 模型的产生和发展起到奠基性的作用，古尔卡纳克和蒂尔（Gürkaynak and Tille，2017）[③] 将 RBC 模型称为 DSGE 模型的乌托邦，而布兰查德（Blanchard，2016）[④] 则将其称为没有包含任何扭曲和摩擦设定的最早版本 DSGE，即完全弹性价格和完全竞争设定，并考虑外生技术冲击对经济增长的重要作用。随后，在 RBC 模型的基础之上加入了各种经济行为主体（资本品厂商、金融中介、政府部门等）、各种市场（产品市场、劳动力市场、金融市场等）以及各种摩擦（如粘性价格、粘性工资、粘性信息等）、各种扭曲（如垄断竞争、信息不对称等）和各种外生冲击，形成新凯恩斯（New Keyensian）模型以及 DSGE 模型，更为复杂的 DSGE 模型可看作中、大规模的新凯恩斯模型，引入各种扭曲、摩擦设定以及外生冲击，以提升数据拟合能力和预测能力。

与其他模型相比较，DSGE 模型具有动态、随机、一般均衡三个方面的优势。动态主要体现在两个方面：一方面，模型中所涉及的经济行

---

① Christiano L J, Eichenbaum M S, Trabandt M. On DSGE Models [J]. Journal of Economic Perspectives, 2018, 32 (3): 113 – 140.

② Kydland F E, Prescott E C. Time to Build and Aggregate Fluctuations [J]. Econometrica: Journal of the Econometric Society, 1982: 1345 – 1370.

③ Gürkaynak R S, Tille C. DSGE Models in the Conduct of Policy: Use as Intended [M]. London: CEPR Press, 2017.

④ Blanchard O. Do DSGE Models Have a Future? [J]. Revista de Economía Institucional, 2016, 18 (35): 39 – 46.

为主体基于效用最大化或成本最小化作出的行为选择除了对当期宏观经济产生影响外，还对未来的每个时期产生影响，因此，各行为主体是在对未来进行预期的前提下动态进行行为决策；另一方面，模型中引入理性预期以刻画各经济行为主体对未来的预期。随机意味着不确定性，在实际经济生活中，复杂多样的现实因素往往使得未来不能被精确地预期，这也就意味着在模型中状态变量和决策变量的取值不是唯一的，因此，在具体的模型操作中在描述微观经济主体行为决策的基础上纳入多个外生随机冲击，以此来刻画当面对不确定性时，宏观经济各变动的动态调整过程。一般均衡特征衡量了每个时期宏观经济系统中包含的微观经济主体之间的交互作用。动态随机一般均衡模型动态、随机和一般均衡的特征使得其能够更真实地刻画经济社会系统的运行模式，引起学术界和政策制定者的青睐，成为现阶段宏观经济领域中运用最为广泛的分析工具。

运用动态随机一般均衡模型对经济系统的分析一般可以划分为设定模型、求解模型、确定模型参数以及政策分析四个步骤。首先，要根据具体的研究问题厘清经济系统中所涉及的经济主体以及各微观主体之间的联系，并用恰当的数学形式刻画各微观主体的约束、偏好和假设条件，完成对 DSGE 模型的设定工作；其次，根据模型的均衡条件，求解模型中各内生变量的稳态值；最后，根据模型设定中变量之间的关系，结合实际经济运行数据对模型的参数进行校准和估计。在完成上述三个步骤之后就可以在 DSGE 模型框架下分析经济政策的内在机制及其对宏观经济变量的影响，以此来指导宏观经济政策的颁布和实施。

6.1.1　模型构建思路与基本假设

6.1.1.1　模型构建思路

根据我国绿色信贷的政策实践，绿色信贷包含两个层面的含义：对环境友好型、资源节约型企业提供信贷支持，即激励性绿色信贷；对高污染、高能耗企业的信贷约束，即惩罚性绿色信贷。为了提高后续理论模型和数值模拟的针对性，本章构建的理论模型以及后续的数值模拟的实证分析将聚焦于激励性绿色信贷。根据前面绿色信贷对产出和福利影响路径的分析，政策实践过程中绿色信贷主要是通过价格型调整和数量型调整两种政策手段来调节资金在绿色环保企业和污染企业之间的配置，因此，本章分别就价格型和数量型构建理论模型以及后续的数值模拟分析。

本书在具体的 DSGE 模型构建中，引入企业异质性，将企业部门划分为绿色企业和非绿色企业，同时，引入环境税、投资调整成本、金融摩擦，构建了包括代表性家庭、最终品厂商、中间品厂商、资本品厂商、商业银行、企业家、中央银行和政府 8 个微观经济行为主体的 DSGE 模型，在环境税政策背景下，从价格型和数量型两个层面分析绿色信贷影响经济产出和社会福利的内在逻辑结构（其中社会福利从环境、健康和居民效用三个层面进行评估），阐明绿色信贷的传导机制与内在机理，以期利用建立在微观理论基础上的 DSGE 模型对第 5 章基于 CC-LM-EE 理论分析框架的结论和假设条件作更深入的讨论和研究。

6.1.1.2 模型基本假设

根据本书的研究问题分别将绿色信贷 DSGE 理论模型中的中间品厂商和企业家划分为绿色类中间品厂商、非绿色类中间品厂商、绿色类企业家和非绿色类企业家，其中，代表性家庭向中间品厂商提供劳动获得工资，绿色类企业家向绿色类中间品厂商提供资本来获得租金报酬，同理，非绿色类企业家向非绿色类中间品厂商提供资本获取租金，中间品厂商利用家庭提供的劳动和企业家提供的资本在一定的技术水平条件下生产中间品，最终品厂商向中间品厂商购买中间品用于生产最终消费品，家庭和政府部门购买最终消费品进行消费，资本品厂商购买最终消费品加工形成用于投资的资本品，并将资本品出售给企业家部门，形成企业家部门的资本，同时，企业家部门在期末将折旧后的资本品出售给资本品厂商，政府部门向家庭部门征收总额税，针对非绿色类中间品厂商的污染排放征收环境税，商业银行吸收家庭部门存款支付存款本息，向企业家发放贷款并收取贷款本息，中央银行制定货币政策。

本章基于基准的新凯恩斯主义动态随机一般均衡模型（DSGE）构建绿色信贷的理论模型，模型中引入了企业异质性，投资调整成本和金融摩擦。模型构建基本假设包含以下内容。

（1）模型在封闭经济背景下引入市场的垄断竞争和价格的名义粘性，在本章构建的理论模型中每个经济主体在对其生产、消费、投资行为进行决策时受到一定的约束条件限制。其中，中间品厂商和最终品厂商共同形成厂商部门，并假设中间品厂商处于完全竞争环境中，最终品厂商处于垄断竞争环境中，在每一期并不是所有最终品厂商都能够自由地调整其价格。在垄断竞争形式的设定中采用迪克西特和斯蒂格利茨（Dixit and Stigliz，1977）①的形式，在粘性价格的设置上采用卡尔沃（Calvo，1983）②的定价方式。

（2）模型假设经济中存在两类中间品厂商：绿色企业和非绿色企业。非绿色企业在生产过程中排放污染物，环境监管部门根据非绿色企业的污染排放情况征收环境税，并且假定绿色企业在生产过程中是零污染排放，两类中间品厂商都在要素市场上购买劳动要素和资本要素，在一定的技术水平下进行生产决策。相应地，模型中假设企业家部门由两类企业家构成：给非绿色企业提供资本的企业家和给绿色企业提供资本的企业家，分别负责非绿色企业和绿色企业的融资决策。

（3）模型引入金融加速器机制，在实际经济运行中借款人和贷款人存在信息不对称，贷款人对借款人的还款能力、投资项目的发展前景、借款人的投入程度等在事前无法获取完全的信息，往往会形成信贷市场

---

① Dixit A K, Stiglitz J E. Monopolistic Competition and Optimum Product Diversity [J]. The American Economic Review, 1977, 67（3）：297–308.

② Calvo G A. Staggered Prices in a Utility-maximizing Framework [J]. Journal of Monetary Economics, 1983, 12（3）：383–398.

上的道德风险或逆向选择，而在借款合同执行后贷款人也会产生一系列的成本，如监督借款人的财务状况，评估抵押品价值等，上述借款人和贷款人信息的不对称和借款合同的执行都会产生一系列的交易成本，因此，贷款人在决定向借款人提供资金时要在无风险利率水平上加上一个"外部融资溢价"，用来补偿贷款人在交易过程中产生的一系列交易成本。而外部融资溢价水平与借款人的净资产有密切关系，当借款人拥有的净资产减少时，借款能力会下降，获得的外部融资减少或外部融资成本高，进而投资水平下降，宏观经济受到负面影响，在此基础上资产价格会出现下降，借款人的净资产会相应下降等，经济陷入恶性循环中，从而产生金融加速器效应，即将借款人净资产与外部融资之间的关系放大了经济或金融的冲击。

（4）模型引入投资调整成本，即假定资本品厂商调整资本或者投资都会产生一定的成本。

绿色信贷理论模型的整体结构如图6-1所示。

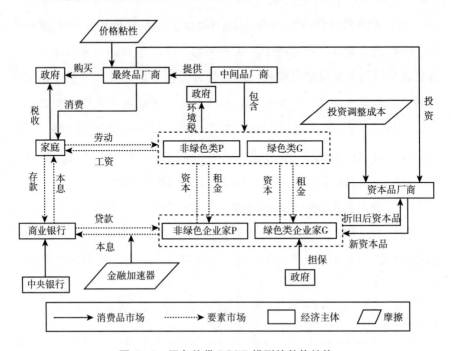

图6-1 绿色信贷 DSGE 模型的整体结构

6.1.2　价格型绿色信贷模型的设定

6.1.2.1　代表性家庭

代表性家庭在完全竞争的要素市场上向厂商部门提供劳动获得工资报酬，将存款存入商业银行并取得利息收入，此外，家庭还会获得企业的利润，政府对家庭部门征收一次性总税赋，其跨期最优化行为如下式：

$$\max_{C_t, N_t} E_0 \sum_{t=0}^{\infty} \beta^t \left\{ \frac{C_t^{1-\sigma}}{1-\sigma} - \theta \frac{N_t^{1+\phi}}{1+\phi} \right\} \qquad (6-1)$$

$$\text{s. t. } P_t C_t + D_t = W_t N_t + R_{t-1}^d D_{t-1} + \Pi_t - T_t \qquad (6-2)$$

其中，E_t 为期望算子，β 为主观贴现率，C_t 为家庭的消费量，N_t 为家庭的劳动供给量，θ 为劳动负效用的权重，ϕ 为劳动供给弹性，σ 为相对风险厌恶系数，P_t 为最终品的价格，D_t 为家庭在商业银行的储蓄，Π_t 为厂商部门所获得的利润，W_t 为家庭部门提供劳动所获得的工资率，R_t^d 为家庭储蓄从银行获得的本息率，T_t 为政府部门向家庭部门征收的总额税收。

构造如下拉格朗日函数，求解代表性家庭最优化问题：

$$L = E_t \sum_{t=0}^{\infty} \beta^t \left\{ \frac{C_t^{1-\sigma}}{1-\sigma} - \theta \frac{N_t^{1+\phi}}{1+\phi} + \lambda_t \left[W_t N_t + R_{t-1}^d D_{t-1} + \Pi_t - P_t T_t - P_t C_t - D_t \right] \right\}$$

$$(6-3)$$

分别对式（6-3）中的消费 C_t，劳动 N_t 和储蓄 D_t 求偏导，可得一阶条件：

$$\frac{\partial L}{\partial C_t} = E_t \sum_{t=0}^{\infty} \beta^t \left(\frac{1}{C_t^{\sigma}} - \lambda_t P_t \right) = 0, \text{即 } \lambda_t = \frac{1}{C_t^{\sigma} P_t} \qquad (6-4)$$

$$\frac{\partial L}{\partial N_t} = E_t \sum_{t=0}^{\infty} \beta^t \left[-\theta N_t^{\phi} + \lambda_t W_t \right] = 0, \text{即 } \lambda_t W_t = \theta N_t^{\phi} \qquad (6-5)$$

$$\frac{\partial L}{\partial D_t} = -\lambda_t + E_t \beta \lambda_{t+1} R_t^d = 0, \text{即} \quad \lambda_t = \beta E_t \lambda_{t+1} R_t^d \qquad (6-6)$$

令 $w_t = W_t/P_t$，$\pi_t = P_t/P_{t-1}$，进一步整理，得到：

$$C_t^\sigma \theta N_t^\phi = w_t \tag{6-7}$$

$$E_t \frac{C_{t+1}^\sigma}{C_t^\sigma} \pi_{t+1} = \beta E_t R_t^d \tag{6-8}$$

6.1.2.2 资本品厂商

在 t 期末，资本品厂商一方面从最终品市场上购买消费品，形成本期的投资 I_t；另一方面回收企业家部门折旧后的资本品，利用购买的消费品和回收的折旧资本品共同生产出可用于下期销售的资本品 K_{t+1}，其行为决策可用式（6-9）进行刻画：

$$K_{t+1} = \left[1 - \frac{\chi}{2} \left(\frac{I_t}{I_{t-1}} - 1 \right)^2 \right] I_t + (1-\delta) K_t \tag{6-9}$$

其中，$\frac{\chi}{2} \left(\frac{I_t}{I_{t-1}} - 1 \right)^2$ 为投资调整成本，χ 为投资调整成本的权重，δ 为资本的折旧率。资本品 K_{t+1} 和 $(1-\delta) K_t$ 在 t 期末的价格均是 Q_t，资本品厂商通过购买最终消费品形成投资 I_t，其价格为 P_t，因此，对于资本品厂商而言，可用式（6-10）来刻画其利润最大化的行为：

$$\Pi_t^k = Q_t K_{t+1} - Q_t (1-\delta) K_t - I_t P_t = Q_t \left[1 - \frac{\chi}{2} \left(\frac{I_t}{I_{t-1}} - 1 \right)^2 \right] I_t - P_t I_t$$

$$\tag{6-10}$$

由于在模型中引入了投资调整成本，所以，资本品厂商将面临的是最大化预期利润的贴现，在模型中假设资本品厂商的利润都归家庭所有，资本品厂商的跨期贴现率为 $\beta^t \lambda_t$，λ_t 是家庭最优行为方程中的拉格朗日乘子，也是家庭效用的影子价格。在 t 期 1 单位利润给家庭部门所带来的效用是 λ_t，将效用水平乘以贴现率 β^t 便可得到 1 单位利润在即期的价值。

对于资本品厂商而言，能够决定的是投资 I_t，因此，其预期利润的现值可用式（6-11）来描述：

$$\max_{I_t} = E_t \sum_{t=0}^{\infty} \beta^t \lambda_t \left\{ Q_t \left[1 - \frac{\chi}{2} \left(\frac{I_t}{I_{t-1}} - 1 \right)^2 \right] I_t - P_t I_t \right\} \quad (6-11)$$

对式（6-11）中的 I_t 求一阶偏导，得到：

$$\lambda_t P_t = \lambda_t Q_t \left[1 - \frac{\chi}{2} \left(\frac{I_t}{I_{t-1}} - 1 \right)^2 - \chi \left(\frac{I_t}{I_{t-1}} - 1 \right) \frac{I_t}{I_{t-1}} \right] + \beta E_t \lambda_{t+1} Q_{t+1} \chi \left(\frac{I_{t+1}}{I_t} - 1 \right) \left(\frac{I_{t+1}}{I_t} \right)^2$$

$$(6-12)$$

即：

$$\frac{1}{C_t^\sigma} = \frac{1}{C_t^\sigma} q_t \left[1 - \frac{\chi}{2} \left(\frac{I_t}{I_{t-1}} - 1 \right)^2 - \chi \left(\frac{I_t}{I_{t-1}} - 1 \right) \frac{I_t}{I_{t-1}} \right] + \beta E_t \frac{1}{C_{t+1}^\sigma} q_{t+1} \chi \left(\frac{I_{t+1}}{I_t} - 1 \right) \left(\frac{I_{t+1}}{I_t} \right)^2$$

$$(6-13)$$

令 $q_t = \frac{Q_t}{P_t}$，则式（6-13）变为：

$$1 = q_t \left[1 - \frac{\chi}{2} \left(\frac{I_t}{I_{t-1}} - 1 \right)^2 - \chi \left(\frac{I_t}{I_{t-1}} - 1 \right) \frac{I_t}{I_{t-1}} \right] + \beta E_t \frac{C_t^\sigma}{C_{t+1}^\sigma} q_{t+1} \chi \left(\frac{I_{t+1}}{I_t} - 1 \right) \left(\frac{I_{t+1}}{I_t} \right)^2$$

$$(6-14)$$

6.1.2.3 商业银行

在 $t+1$ 期，家庭部门将存款 D_{t+1} 存入商业银行以获取利息，非绿色类企业家 P 和绿色类企业家 G 分别向商业银行申请贷款 $L_{p,t+1}$ 和 $L_{G,t+1}$，以解决生产经营和投资扩张的资金不足问题。同时，模型假设商业银行内部存款规模等于贷款规模，对于商业银行而言，期末汇总从非绿色类企业家 P 和绿色类企业家 G 收到的贷款本息和 $R_t^l L_{p,t}$ 和 $R_t^l L_{G,t}$，以此来支付家庭部门存款的本金和利息 $R_t^d D_t$。

在 $t+1$ 期，企业家会遭受一个异质冲击 ω_{t+1}，使得其生产的资本品 K_{t+1} 发生变动，ω_{t+1} 服从均值为 1 的对数正态分布，同时，$F(\omega_{t+1})$ 可用于表示 ω_{t+1} 的累积分布函数，即：

$$\ln\omega_{t+1} \sim N(m_{\omega,t}, \sigma^2_{\omega,t}), E(\omega_{t+1}) = e^{m_{\omega,t} + \frac{1}{2}\sigma^2_{m,t}} = 1 \Rightarrow m_{\omega,t} = -\frac{1}{2}\sigma^2_{\omega,t}$$

$$(6-15)$$

由式（6-15）可以看出异质冲击 ω_{t+1} 的分布由 $\sigma_{\omega,t}$ 所决定，同时式（6-15）表明企业家所面临的经营风险随着 $\sigma_{\omega,t}$ 的增大而增大。

如果 $\omega_{p,t+1} \geq \overline{\omega}_{p,t+1}$，$\omega_{G,t+1} \geq \overline{\omega}_{G,t+1}$，则意味着非绿色类企业家 P 和绿色类企业家 G 可以在规定的时间内按照约定数额偿还银行的贷款本金和利息，此时，商业银行的信贷业务顺畅运行；反之，一旦 $\omega_{p,t+1} < \overline{\omega}_{p,t+1}$，$\omega_{G,t+1} < \overline{\omega}_{G,t+1}$，非绿色类企业家 P 和绿色类企业家 G 的风险增大，将会面临破产风险，随之向商业银行申请的贷款会出现违约现象。此时，商业银行为了维护自身的利益将会接收非绿色类企业家 P 和绿色类企业家 G 的总资产，但是由于商业银行和企业家部门之间存在信息不对称，因此，在这一过程中商业银行需要付出一定的代价，假设其监督企业家行为和处置企业家资产的成本占其总资产的比例为 μ，并且由于模型中假设商业银行处于完全竞争的市场环境中，因此，商业银行的利润为 0，设商业银行整体贷款中有 γ 比例给予绿色类企业家 G，则非绿色类企业家 P 在总贷款中的比例为 $1-\gamma$，同时，本章以政府担保机制提供优惠利率为例，分析绿色信贷的贷款利率手段，假设政府对于绿色类企业的担保金额为 S_{t+1}，担保比例为 $s_{t+1} = S_{t+1}/(R^e_{G,t+1}Q_tK_{G,t+1})$，则商业银行的行为决策可由式（6-16）至式（6-19）来描述：

$$\gamma D_{t+1} = L_{G,t+1} \quad (6-16)$$

$$(1-\gamma)D_{t+1} = L_{P,t+1} \quad (6-17)$$

$$[1 - F_t(\overline{\omega}_{p,t+1})]R^l_tL_{p,t} + (1-\mu)\int_0^{\overline{\omega}_{p,t+1}} \omega_p R^e_{p,t+1}Q_tK_{P,t+1}dF_t(\omega_p) = (1-\gamma)R^d_tD_t$$

$$(6-18)$$

$$[1 - F_t(\overline{\omega}_{G,t+1})]R^l_tL_{G,t} + (1-\mu)\int_0^{\overline{\omega}_{G,t+1}} [S_{t+1} + \omega_G R^e_{G,t+1}Q_tK_{G,t+1}]dF_t(\omega_G) = \gamma R^d_tD_t$$

$$(6-19)$$

在 t 期末，非绿色类企业家 P 用于购买资本品的资金主要来源于从商业银行获得的贷款 $L_{p,t}$ 和自由资金 $V_{p,t}$，即：

$$Q_t K_{P,t+1} = L_{p,t} + V_{p,t} \qquad (6-20)$$

由此，可得企业家 P 的杠杆率 $l_{p,t}$ 为总资产除以自有资金，即：

$$l_{p,t} = \frac{Q_t K_{P,t+1}}{V_{p,t}} \qquad (6-21)$$

同理，对于企业家 G 有：

$$Q_t K_{G,t+1} = L_{G,t} + V_{G,t} \qquad (6-22)$$

$$l_{G,t} = \frac{Q_t K_{G,t+1}}{V_{G,t}} \qquad (6-23)$$

将式（6-20）和式（6-21）代入式（6-18），将式（6-22）和式（6-23）代入式（6-19），并分别除以 $V_{p,t}$ 和 $V_{G,t}$，整理得到：

$$R_{p,t+1}^e l_{p,t} \left[\Gamma_t(\overline{\omega}_{p,t+1}) - \mu G_t(\overline{\omega}_{p,t+1}) \right] = R_t^d (l_{p,t} - 1) \qquad (6-24)$$

$$R_{G,t+1}^e l_{G,t} \left[s_{t+1} + \Gamma_t(\overline{\omega}_{G,t+1}) - \mu G_t(\overline{\omega}_{G,t+1}) \right] = R_t^d (l_{G,t} - 1) \qquad (6-25)$$

进一步整理得到：

$$l_{P,t} = \frac{1}{1 - \dfrac{R_{p,t+1}^e}{R_t^d} \left[\Gamma_t(\overline{\omega}_{p,t+1}) - \mu G_t(\overline{\omega}_{p,t+1}) \right]} \qquad (6-26)$$

$$l_{G,t} = \frac{1}{1 - \dfrac{R_{G,t+1}^e}{R_t^d} \left[s_{t+1} + \Gamma_t(\overline{\omega}_{G,t+1}) - \mu G_t(\overline{\omega}_{G,t+1}) \right]} \qquad (6-27)$$

其中，$\Gamma_t(\overline{\omega}_{p,t+1}) = \overline{\omega}_{p,t+1} [1 - F_t(\overline{\omega}_{p,t+1})] + G_t(\overline{\omega}_{p,t+1})$，$G_t(\overline{\omega}_{p,t+1}) = \int_0^{\overline{\omega}_{p,t+1}} \omega \mathrm{d} F_t(\omega)$，并且 $\Gamma_t'(\overline{\omega}_{p,t+1}) = 1 - F_t(\overline{\omega}_{p,t+1})$，$G_t'(\overline{\omega}_{p,t+1}) = \overline{\omega}_{p,t+1} F_t'(\overline{\omega}_{p,t+1})$。

6.1.2.4 企业家

为了刻画绿色信贷对产出和福利的影响效应，本部分将企业家划分为非绿色类企业家 P 和绿色类企业家 G，非绿色类企业家向非绿色类中

间品厂商提供资本获取租金，同理，绿色类企业家向绿色类中间品厂商
提供资本获取租金。

（1）非绿色类企业家 P。在 $t+1$ 期，非绿色类企业家 P 以 $R_{P,t+1}^{k}$ 的
租金价格将资本出租给非绿色类中间品厂商 P，并于期末时向资本品厂
商出售折旧后的资本品 $(1-\delta)K_{P,t+1}$，价格为 Q_{t+1}，那么，来自非绿色
类中间品厂商的租金收入和来自资本品厂商的资本利得构成了非绿色类
企业家的总收入，由此，可得到非绿色类企业家 P 的总资产收益率，即：

$$R_{P,t+1}^{e} = \frac{K_{P,t+1}R_{P,t+1}^{k} + Q_{t+1}(1-\delta)K_{P,t+1}}{Q_t K_{p,t+1}} \qquad (6-28)$$

将其化简为：

$$R_{P,t+1}^{e} = \frac{R_{P,t+1} + Q_{t+1}(1-\delta)}{Q_t} \qquad (6-29)$$

则非绿色类企业家 P 在 $t+1$ 期的总收入可描述为：

$$\omega_{p,t+1}R_{p,t+1}^{e}Q_t K_{p,t+1} \qquad (6-30)$$

在 $t+1$ 期，非绿色类企业家 P 需要偿还 t 期与商业银行约定的贷款
的本金和利息 $R_t^l L_{p,t}$，企业家的生产经营存在着一定的风险，这种风险是
企业家自身可以察觉，但是商业银行无法探知的。在数学意义上，$\omega_{p,t+1}$
决定了企业家所面临的风险，同时，模型中用 $\overline{\omega}_{p,t+1}$ 来刻画企业家的破产
阈值，当 $\omega_{p,t+1} < \overline{\omega}_{p,t+1}$ 时，非绿色类企业家 P 没有足够的资金偿还商业
银行的贷款本金和利息，前期的贷款合约将会出现违约现象；当 $\omega_{p,t+1} \geq$
$\overline{\omega}_{p,t+1}$ 时，非绿色类企业家 P 能够在约定的时间内，按照贷款合同的约定
连本带息的偿还商业银行。由此，非绿色类企业家 P 的破产阈值 $\overline{\omega}_{p,t+1}$ 可
由式（6-31）决定，即：

$$\overline{\omega}_{p,t+1}R_{p,t+1}^{e}Q_t K_{p,t+1} = R_t^l L_{p,t} \qquad (6-31)$$

式（6-31）两边同除以非绿色类企业家的自有资金 $V_{p,t}$，进一步整
理可得：

$$\overline{\omega}_{p,t+1} R_{p,t+1}^e l_{p,t} = R_t^l (l_{p,t} - 1) \tag{6-32}$$

在 $t+1$ 期，如果 $\omega_{p,t+1} \geq \overline{\omega}_{p,t+1}$，那么，非绿色类企业家 P 能够按照贷款合约按期将贷款的本金和利息偿还，此时，非绿色类企业家 P 的净利润是由总收入扣除贷款本金和利息得到；相应地，当 $\omega_{p,t+1} < \overline{\omega}_{p,t+1}$ 时，非绿色类企业家 P 无力偿还贷款，企业家破产，因此，非绿色类企业 P 的预期净利润可描述为：

$$E_t \Pi_{t+1}^e = E_t \left\{ \int_{\overline{\omega}_{p,t+1}}^{\infty} \left[\omega R_{p,t+1}^e Q_t K_{p,t+1} - R_t^l L_{p,t} \right] \mathrm{d} F_t(\omega) \right\}$$

$$= E_t \left[1 - \Gamma_t(\overline{\omega}_{p,t+1}) \right] R_{p,t+1}^e l_{p,t} V_{p,t} \tag{6-33}$$

在 t 期末，非绿色类企业家 P 所能够决定的是杠杆率 $l_{p,t}$ 和破产阈值 $\overline{\omega}_{p,t+1}$，在此基础上遵循贷款合同的约束条件，此时，非绿色类企业家 P 的预期利润最大化问题为：

$$\max_{\overline{\omega}_{p,t+1}} E_t \Pi_{t+1}^e = E_t \left[1 - \Gamma_t(\overline{\omega}_{p,t+1}) \right] R_{p,t+1}^e l_{p,t} V_{p,t} \tag{6-34}$$

$$\text{s. t.} \quad R_{p,t+1}^e l_{p,t} \left[\Gamma_t(\overline{\omega}_{p,t+1}) - \mu G_t(\overline{\omega}_{p,t+1}) \right] = R_t^d (l_{p,t} - 1) \tag{6-35}$$

代入式（6-26）将最优化问题简化为：

$$\max_{\overline{\omega}_{p,t+1}} E_t \left[1 - \Gamma_t(\overline{\omega}_{p,t+1}) \right] R_{p,t+1}^e \frac{1}{1 - \dfrac{R_{p,t+1}^e}{R_t^d} \left[\Gamma_t(\overline{\omega}_{p,t+1}) - \mu G_t(\overline{\omega}_{p,t+1}) \right]} V_{p,t}$$

$$\tag{6-36}$$

对式（6-36）中非绿色类企业家 P 的破产阈值 $\overline{\omega}_{p,t+1}$ 求偏导，可得一阶条件为：

$$\frac{1 - F_t(\overline{\omega}_{p,t+1})}{1 - \Gamma_t(\overline{\omega}_{p,t+1})} = \frac{\dfrac{R_{p,t+1}^e}{R_t^d} \left[1 - F_t(\overline{\omega}_{p,t+1}) - \mu \overline{\omega}_{p,t+1} F_t'(\overline{\omega}_{p,t+1}) \right]}{1 - \dfrac{R_{p,t+1}^e}{R_t^d} \left[\Gamma_t(\overline{\omega}_{p,t+1}) - \mu G_t(\overline{\omega}_{p,t+1}) \right]}$$

$$\tag{6-37}$$

非绿色类企业家 P 的外部融资溢价 $\tau_{p,t}$ 为：

$$\tau_{p,t} = \frac{E_t R_{p,t+1}^e}{R_t^d} \qquad (6-38)$$

（2）绿色类企业家 G。绿色类企业家 G 的行为决策的分析思路与非绿色类企业家 P 的分析思路类似，在此不再赘述，只描述主要的行为方程。

绿色类企业家 G 的总资产收益率为：

$$R_{G,t+1}^e = \frac{R_{G,t+1} + Q_{t+1}(1-\delta)}{Q_t} \qquad (6-39)$$

相应地，绿色类企业家 G 在 $t+1$ 期的总收入为：

$$\omega_{G,t+1} R_{G,t+1}^e Q_t K_{G,t+1} \qquad (6-40)$$

同理，绿色类企业家 G 的破产阈值 $\overline{\omega}_{G,t+1}$ 决定如下：

$$\overline{\omega}_{G,t+1} R_{G,t+1}^e Q_t K_{G,t+1} = R_t^l L_{G,t} \qquad (6-41)$$

式（6-41）两边同除以绿色类企业家 G 的自有资金 $V_{G,t}$，整理可得：

$$\overline{\omega}_{G,t+1} R_{G,t+1}^e l_{G,t} = R_t^l (l_{G,t} - 1) \qquad (6-42)$$

当 $\omega_{G,t+1} \geq \overline{\omega}_{G,t+1}$ 时，绿色类企业家 G 的净利润为总收入扣除贷款本金和利息；当 $\omega_{G,t+1} < \overline{\omega}_{G,t+1}$ 时，绿色类企业家 G 将会破产，而政府需要向商业银行支付担保金额，因此，绿色类企业 G 的预期净利润可描述为：

$$E_t \Pi_{t+1}^e = E_t \left\{ \int_{\overline{\omega}_{G,t+1}}^{\infty} \left[\omega R_{G,t+1}^e Q_t K_{G,t+1} - R_t^l L_{G,t} \right] \mathrm{d} F_t(\omega) - F_t(\overline{\omega}_{G,t+1}) S_{t+1} \right\}$$

$$= E_t \left[1 - \Gamma_t(\overline{\omega}_{G,t+1}) - s_{t+1} \right] R_{G,t+1}^e l_{G,t} V_{G,t} \qquad (6-43)$$

同样地，在 t 期末，绿色类企业家 G 基于对破产阈值 $\overline{\omega}_{G,t+1}$ 和杠杆率 $l_{G,t}$ 的选择来最大化自身的预期利润，即绿色类企业家 G 的预期利润最大化问题为：

$$\max_{\overline{\omega}_{G,t+1}, l_{G,t}} E_t \Pi_{t+1}^e = E_t \left[1 - \Gamma_t(\overline{\omega}_{G,t+1}) - s_{t+1} \right] R_{G,t+1}^e l_{G,t} V_{G,t} \qquad (6-44)$$

$$\text{s. t.} \quad R_{G,t+1}^e l_{G,t} \left[s_{t+1} + \Gamma_t(\overline{\omega}_{G,t+1}) - \mu G_t(\overline{\omega}_{G,t+1}) \right] = R_t^d (l_{G,t} - 1)$$

$$(6-45)$$

将式（6 - 27）代入，则最优化问题简化为：

$$\max_{\overline{\omega}_{G,t+1}} E_t [1 - \Gamma_t(\overline{\omega}_{G,t+1})] R^e_{G,t+1} \frac{1}{1 - \dfrac{R^e_{G,t+1}}{R^d_t} [s_{t+1} + \Gamma_t(\overline{\omega}_{G,t+1}) - \mu G_t(\overline{\omega}_{G,t+1})]} V_{G,t}$$

$$(6 - 46)$$

对式（6 - 46）中的破产阈值 $\overline{\omega}_{G,t+1}$ 求偏导，可得一阶条件为：

$$\frac{1 - F_t(\overline{\omega}_{G,t+1})}{1 - \Gamma_t(\overline{\omega}_{G,t+1}) - s_{t+1}} = \frac{\dfrac{R^e_{G,t+1}}{R^d_t} [1 - F_t(\overline{\omega}_{G,t+1}) - \mu \overline{\omega}_{G,t+1} F'_t(\overline{\omega}_{G,t+1})]}{1 - \dfrac{R^e_{G,t+1}}{R^d_t} [s_{t+1} + \Gamma_t(\overline{\omega}_{G,t+1}) - \mu G_t(\overline{\omega}_{G,t+1})]}$$

$$(6 - 47)$$

绿色类企业家 G 的外部融资溢价 $\tau_{G,t}$ 为：

$$\tau_{G,t} = \frac{E_t R^e_{G,t+1}}{R^d_t}$$

$$(6 - 48)$$

将非绿色类企业家 P 的一阶融资决策条件式（6 - 37）改写成：

$$\frac{R^e_{p,t+1}}{R^d_t} = \frac{1}{1 - \mu \left[G_t(\overline{\omega}_{p,t+1}) + \overline{\omega}_{p,t+1} F'_t(\overline{\omega}_{p,t+1}) \dfrac{1 - \Gamma_t(\overline{\omega}_{p,t+1})}{1 - F_t(\overline{\omega}_{p,t+1})} \right]}$$

$$(6 - 49)$$

绿色类企业家 G 的一阶融资决策条件式（6 - 47）改写成：

$$\frac{R^e_{G,t+1}}{R^d_t} = \frac{1}{1 - \mu \left[G_t(\overline{\omega}_{G,t+1}) + \overline{\omega}_{G,t+1} F'_t(\overline{\omega}_{G,t+1}) \dfrac{1 - \Gamma_t(\overline{\omega}_{G,t+1}) - s_{t+1}}{1 - F_t(\overline{\omega}_{G,t+1})} \right]}$$

$$(6 - 50)$$

由式（6 - 49）和式（6 - 50）可得 $\tau_{P,t} > \tau_{G,t}$，即在信贷利率调整下绿色类企业的外部融资溢价小于非绿色类企业。

6.1.2.5 中间品厂商

中间品厂商处在完全竞争环境中，为了研究绿色信贷的产出和福利效应，本章在构建模型的过程中将中间品厂商分为非绿色类中间品厂商 P 和绿色类中间品厂商 G，并假定绿色类中间品厂商 G 在生产过程中不产生污染物，非绿色类中间品厂商 P 在生产过程中会排放污染物。

（1）非绿色类中间品厂商 P。非绿色类中间厂商 P 在要素市场上购买劳动和资本，在一定的技术水平条件下进行生产活动，生产函数采用 C-D 形式，且具有规模报酬不变的性质，生产函数的设定形式为：

$$Y_{P,t} = A_{P,t} K_{P,t}^{\alpha} N_{P,t}^{1-\alpha} \qquad (6-51)$$

其中，$Y_{P,t}$ 为非绿色类中间品厂商的产量，$N_{P,t}$ 和 $K_{P,t}$ 为非绿色类中间品厂商在要素市场上雇佣的劳动和资本，α 为资本份额。非绿色类企业的生产会产生一定的污染排放量，根据希特尔（Heutel，2012）[①] 的设定形式，假定污染类消费品厂商的污染排放与其生产成一定的比例关系，在此基础上企业的污染排放行为如下：

$$Z_{P,t} = \mu Y_{P,t} \qquad (6-52)$$

其中，$Z_{P,t}$ 为非绿色类中间品厂商的污染排放量，μ 为企业单位产量的污染排放系数。

近年来，随着环境状况的日益恶化，政府部门开始对环境进行治理，其中一项重要的途径就是增加污染企业的排污成本，按照污染者付费原则，对于非绿色类中间品厂商来说，除了承担一定的减排成本外，还需要承担一定的污染排放成本，而这取决于政府部门所采取的环境政策。

因此，非绿色类中间品厂商的利润最大化问题为：

$$\min_{K_{P,t}, N_{P,t}} TP_{P,t} = P_t^w A_{P,t} K_{P,t}^{\alpha} N_{P,t}^{1-\alpha} - W_{P,t} N_{P,t} - R_{P,t}^k K_{P,t} - P_{Z,t} \mu Y_{P,t} \qquad (6-53)$$

---

① Heutel G. How Should Environmental Policy Respond to Business Cycles? Optimal Policy under Persistent Productivity Shocks [J]. Review of Economic Dynamics, 2012, 15 (2): 244 – 264.

其中，P_t^w 为中间品名义价格，分别对 $K_{P,t}$ 和 $N_{P,t}$ 求一阶导数得到：

$$R_{P,t}^k = \alpha P_t^w A_{P,t} K_{P,t}^{\alpha-1} N_{P,t}^{1-\alpha} - P_{Z,t} \mu \alpha A_{P,t} K_{P,t}^{\alpha-1} N_{P,t}^{1-\alpha} \qquad (6-54)$$

$$W_{P,t} = (1-\alpha) P_t^w A_{P,t} K_{P,t}^{\alpha} N_{P,t}^{-\alpha} - P_{Z,t} \mu (1-\alpha) A_{P,t} K_{P,t}^{\alpha} N_{P,t}^{-\alpha} \qquad (6-55)$$

其中，$R_{P,t}^k$ 为非绿色类中间品厂商的资本价格，$P_{Z,t}$ 为政府征收的环境税，令 $w_{P,t} = \dfrac{W_{P,t}}{P_t}$，$p_{z,t} = \dfrac{P_{z,t}}{P_t}$，$r_{P,t}^k = \dfrac{R_{P,t}^k}{P_t}$，$P_t$ 为总体价格水平，则式（6-54）和式（6-55）变为：

$$r_{P,t}^k = \alpha \frac{P_t^w}{P_t} A_{P,t} K_{P,t}^{\alpha-1} N_{P,t}^{1-\alpha} (1 - p_{Z,t} \mu) \qquad (6-56)$$

$$w_{P,t}^k = (1-\alpha) \frac{P_t^w}{P_t} A_{P,t} K_{P,t}^{\alpha} N_{P,t}^{-\alpha} (1 - p_{Z,t} \mu) \qquad (6-57)$$

（2）绿色类中间品厂商 G。与非绿色类中间品厂商类似，绿色类中间品厂商在完全竞争的要素市场上购买资本和劳动，在一定的技术水平条件下开展生产活动，生产函数采用 C-D 形式，与非绿色类中间品厂商不同的是本部分假设绿色类中间品厂商的生产过程中不产生污染，因此，其生产函数为：

$$Y_{G,t} = A_{G,t} K_{G,t}^{\alpha} (N_{G,t})^{1-\alpha} \qquad (6-58)$$

其中，$Y_{G,t}$ 为绿色类中间品厂商的产量，$N_{G,t}$ 和 $K_{G,t}$ 为绿色类中间品厂商在要素市场上雇用的劳动和资本，α 为资本份额。绿色类中间品厂商的利润最大化问题为：

$$\min_{K_{G,t}, N_{G,t}} TP_{G,t} = P_t^w A_{G,t} K_{G,t}^{\alpha} N_{G,t}^{1-\alpha} - W_{G,t} N_{G,t} - R_{G,t}^k K_{G,t} \qquad (6-59)$$

分别对 $K_{G,t}$ 和 $N_{G,t}$ 求一阶导数，令 $w_{G,t} = \dfrac{W_{G,t}}{P_t}$，$r_{G,t}^k = \dfrac{R_{G,t}^k}{P_t}$，得到：

$$r_{G,t}^k = \alpha \frac{P_t^w}{P_t} A_{G,t} K_{G,t}^{\alpha-1} N_{G,t}^{1-\alpha} \qquad (6-60)$$

$$w_{G,t} = (1-\alpha) \frac{P_t^w}{P_t} A_{G,t} K_{G,t}^{\alpha} N_{G,t}^{-\alpha} \qquad (6-61)$$

6.1.2.6 最终品厂商

最终品厂商购买中间品作为生产要素投入，生产出最终品，本章采用迪克西特和斯蒂格利茨（1977）[1]、陈汉鹏和戴金平（2014）[2] 的形式来设置最终品厂商的生产函数，即：

$$Y_t = \left[\int_0^1 Y_t(j)^{\frac{\epsilon-1}{\epsilon}} \mathrm{d}j \right]^{\frac{\epsilon}{\epsilon-1}} \qquad (6-62)$$

其中，Y_t 为最终品厂商在 t 期生产的最终产品产量，$Y_t(j)$ 为第 j 个最终品厂商在 t 期购入的中间品，$j \in [0, 1]$，ϵ 为最终产品的替代弹性。在 t 期，最终品厂商以统一的批发价格 P_t^w 向任意的中间品厂商 j 购买中间品作为生产要素，并对其进行简单标识后出售。同时，假定最终品厂商处于垄断竞争环境中，每一个最终品厂商拥有一定的垄断势力，令 $P_t(j)$ 为第 j 个最终品厂商的销售价格，P_t 为总体价格指数，由式（6-62）可得：

$$P_t Y_t = \int_0^1 P_t(j) Y_t(j) \, \mathrm{d}j \qquad (6-63)$$

即：

$$P_t \left[\int_0^1 Y_t(j)^{\frac{\epsilon-1}{\epsilon}} \mathrm{d}j \right]^{\frac{\epsilon}{\epsilon-1}} = \int_0^1 P_t(j) Y_t(j) \, \mathrm{d}j \qquad (6-64)$$

对 $Y_t(j)$ 求偏导可得：

$$Y_t(j) = \left(\frac{P_t(j)}{P_t} \right)^{-\epsilon} Y_t \qquad (6-65)$$

将式（6-65）代入式（6-63），整理可得：

$$P_t = \left[\int_0^1 P_t(j)^{1-\epsilon} \mathrm{d}j \right]^{\frac{1}{1-\epsilon}} \qquad (6-66)$$

---

① Dixit A K, Stiglitz J E. Monopolistic Competition and Optimum Product Diversity [J]. The American Economic Review, 1977, 67 (3): 297–308.

② 陈汉鹏，戴金平. Shibor 作为中国基准利率的可行性研究 [J]. 管理世界, 2014 (10): 37–46.

借鉴卡尔沃（1983）[①] 对于粘性价格的设置形式，本章假设对于最终品厂商而言，在每一期并不能够自由地调整其价格，在每一期，只有 $(1-\eta)$ 比例的最终品厂商可以用最佳的方式来调整价格，这种价格的调整本期的决策独立于上一期，剩余 η 比例的最终品厂商不能调整其价格，只能使用上一期的价格 $P_{t-1}(j)$。这就意味着最终品厂商在 t 期能自由调整价格，而在 s 期后仍然不能调整的概率是 η^s，此时，最终品厂商会选择最优的价格水平 $P_t(j)$ 以最大化其预期利润的贴现总和，同时，参考张金城（2014）[②] 和王彬（2010）[③] 设定实际边际成本 $MC_t = P_t^w / P_t$，则最终品厂商的最优化问题为：

$$\max_{P_t(j)} E_t \sum_{s=0}^{\infty} \eta^s \beta^s \frac{\lambda_{t+s}}{\lambda_t} \left[\frac{P_t(j) - P_{t+s} MC_{t+s}}{P_{t+s}} Y_{t+s}(j) \right] \qquad (6-67)$$

其中，$\beta^s \dfrac{\lambda_{t+s}}{\lambda_t}$ 为贴现因子，η^s 为最终品厂商 s 期后仍然不能自由调整价格的概率。对式（6-67）中的最终品价格 $P_t(j)$ 求一阶偏导，可得一阶条件为：

$$E_t \sum_{s=0}^{\infty} \eta^s \beta^s \frac{\lambda_{t+s}}{\lambda_t} \left[(1-\epsilon) P_t(j)^{-\epsilon} P_{t+s}^{\epsilon-1} Y_{t+s} + \epsilon MC_{t+s} P_t(j)^{-\epsilon-1} P_{t+s}^{\epsilon} Y_{t+s} \right] = 0$$

$$(6-68)$$

进一步整理可得：

$$P_t(j) = \frac{\epsilon}{\epsilon-1} \frac{E_t \sum_{s=0}^{\infty} \eta^s \beta^s \lambda_{t+s} MC_{t+s} P_{t+s}^{\epsilon} Y_{t+s}}{E_t \sum_{s=0}^{\infty} \eta^s \beta^s \lambda_{t+s} P_{t+s}^{\epsilon-1} Y_{t+s}} \qquad (6-69)$$

---

① Calvo G A. Staggered Prices in a Utility-maximizing Framework [J]. Journal of Monetary Economics, 1983, 12 (3): 383-398.

② 张金城. 货币政策调控、流动性管理与宏观经济稳定 [J]. 国际金融研究, 2014 (3): 7-20.

③ 王彬. 财政政策、货币政策调控与宏观经济稳定——基于新凯恩斯主义垄断竞争模型的分析 [J]. 数量经济技术经济研究, 2010 (11): 3-18.

通过对式（6-69）进行分析可以得到，等式右侧的分子分母均与厂商 j 无关，这就意味着对于所有能够自由调整价格的最终品厂商而言，其对价格的调整会趋同，最终都会将价格定在 $P_t^{\#}$ 以实现预期利润贴现值的最大化。式（6-69）可以进一步简化为：

$$P_t^{\#} = \frac{\epsilon}{\epsilon - 1} \frac{M_{1,t}}{M_{2,t}} \qquad (6-70)$$

$$M_{1,t} = \lambda_t MC_t P_t^{\epsilon} Y_t + \eta \beta E_t M_{1,t+1} \qquad (6-71)$$

$$M_{2,t} = \lambda_t P_t^{\varepsilon-1} Y_t + \eta \beta E_t M_{2,t+1} \qquad (6-72)$$

令 $\pi_t^{\#} = \dfrac{P_t^{\#}}{P_{t-1}}$，$m_{1,t} = \dfrac{M_{1,t}}{P_t^{\epsilon-1}}$，$m_{2,t} = \dfrac{M_{2,t}}{P_t^{\epsilon-2}}$，$\pi_t = \dfrac{P_t}{P_{t-1}}$，则式（6-70）、式（6-71）、式（6-72）可以改写成：

$$\pi_t^{\#} = \frac{\epsilon}{\epsilon - 1} \frac{m_{1,t}}{m_{2,t}} \pi_t \qquad (6-73)$$

$$m_{1,t} = \frac{1}{C_t^{\sigma}} MC_t Y_t + \eta \beta E_t \pi_{t+1}^{\epsilon-1} m_{1,t+1} \qquad (6-74)$$

$$m_{2,t} = \frac{1}{C_t^{\sigma}} Y_t + \eta \beta E_t \pi_{t+1}^{\epsilon-2} m_{2,t+1} \qquad (6-75)$$

根据模型中对价格粘性的设置方式，式（6-66）可以进一步改写成：

$$P_t^{1-\varepsilon} = \int_0^1 P_t (j)^{1-\epsilon} dj \qquad (6-76)$$

$$= \int_0^{1-\eta} P_t^{\#,1-\epsilon} dj + \int_{1-\eta}^1 P_{t-1} (j)^{1-\epsilon} dj$$

$$= (1 - \eta) P_t^{\#,1-\epsilon} + \eta P_{t-1}^{1-\epsilon} \qquad (6-77)$$

令 $\pi_t^{\#} = \dfrac{P_t^{\#}}{P_{t-1}}$，$\pi_t = \dfrac{P_t}{P_{t-1}}$，式（6-77）可以重新整理为：

$$\pi_t^{1-\epsilon} = (1 - \eta) \pi_t^{\#,1-\epsilon} + \eta \qquad (6-78)$$

6.1.2.7 政府和中央银行

在 t 期，政府的收入主要源于对家庭征收的总额税和对企业征收的环境税费，同时，假设政府征收的环境税实行专款专用，专门用于治理环境污染支出 $G_{x,t}$，支出项主要包括政府购买和治理环境污染支出，因此，政府的预算约束条件为：

$$G_t + G_{x,t} = P_t T_t + p_{Z,t} Z_t \qquad (6-79)$$

$$G_{x,t} = p_{z,t} Z_t \qquad (6-80)$$

$$G_t = g_t Y_t \qquad (6-81)$$

中央银行在制定货币政策时，不仅要考虑到经济主体对通货膨胀的预期，也要考虑经济增长等宏观经济指标，此外，中央银行还要保持货币政策的持续性和稳定性。因此，模型中设定政府的货币政策服从如下 Taylor 规则：

$$R_t^d = (1-\rho_r)R^d + \rho_r R_{t-1}^d + (1-\rho_r)\left[\psi_\pi(\pi_t - \pi) + \psi_Y(Y_t - Y)\right] + \varepsilon_{r,t}$$

$$(6-82)$$

6.1.2.8　市场出清和外生冲击

在模型中假设经济中绿色企业的占比为 ϑ，则非绿色类企业的占比为 $(1-\vartheta)$，同时，假定绿色企业和非绿色企业在劳动市场上雇佣劳动无差异，即：

$$N_{P,t} = N_{G,t} = N_t \qquad (6-83)$$

同时，经济系统中的资本 K_t 和 Y_t 为：

$$K_t = \upsilon K_{G,t} + (1-\upsilon)K_{P,t} \qquad (6-84)$$

$$Y_t = \upsilon Y_{G,t} + (1-\upsilon)Y_{P,t} \qquad (6-85)$$

根据一般均衡理论，通过简化所有经济主体的预算约束得到产品市场出清条件：

$$Y_t = C_t + I_t + G_t + G_{x,t} \qquad (6-86)$$

在整个模型中存在五个外生冲击，分别是：

政府购买 G_t 冲击形式，即：

$$\ln g_t = (1 - \rho_g)\ln(g) + \rho_g \ln g_{t-1} + \varepsilon_{g,t} \qquad (6-87)$$

货币政策冲击，即：

$$R_t^d = (1 - \rho_r)R^d + \rho_r R_{t-1}^d + (1 - \rho_r)(\psi_\pi(\pi_t - \pi) + \psi_Y(Y_t - Y)) + \varepsilon_{r,t}$$

$$(6-88)$$

绿色类企业 G 的技术冲击，即：

$$\ln A_{G,t} = \rho_{Ag}\ln A_{G,t-1} + \varepsilon_{Ag,t} \qquad (6-89)$$

非绿色类企业 P 的技术冲击，即：

$$\ln A_{P,t} = \rho_{Ap}\ln A_{P,t-1} + \varepsilon_{Ap,t} \qquad (6-90)$$

绿色类企业 P 外部融资溢价比例的冲击，即：

$$\ln \tau_{G,t} = (1 - \rho_\tau)\ln \tau_G + \rho_\tau \ln \tau_{G,t-1} + \varepsilon_{\tau g,t} \qquad (6-91)$$

其中，所有外生的冲击变量 $\varepsilon_{g,t}$，$\varepsilon_{r,t}$，$\varepsilon_{Ag,t}$，$\varepsilon_{Ap,t}$ 和 $\varepsilon_{\tau g,t}$ 均是一个白噪声过程。

6.1.2.9 社会福利

基于效用最大化的福利度量是文献中常用的福利度量方法（Lester et al.，2014）[1]（刘晓辉和范从来，2007；2008）[2][3]，本章将基于代表性家庭最大化终身贴现效用来度量社会福利水平的变化，即定义社会福利函数 wf_t 为：

$$wf_t = E_0 \sum_{t=0}^{\infty} \beta^t \left\{ \frac{C_t^{1-\sigma}}{1-\sigma} - \theta \frac{N_t^{1+\phi}}{1+\phi} \right\} \qquad (6-92)$$

---

① Lester R, Pries M, Sims E. Volatility and Welfare [J]. Journal of Economic Dynamics and Control, 2014, 38: 17 - 36.

② 刘晓辉，范从来. 汇率制度选择及其标准的演变 [J]. 世界经济，2007 (3)：86 - 96.

③ 刘晓辉，范从来. 汇率制度选择标准：从社会福利到微观福利 [J]. 财贸经济，2008 (4)：18 - 22.

　　此外，污染物的排放直接对居民的健康产生威胁，因此，本章将从公共健康的视角来测度绿色信贷的健康福利效应。在公共健康模块主要以大气污染物为例，为了估计大气污染物排放状况的变化对公共健康福利的影响，将借助箱式模型根据 DSGE 模型模拟估算出的大气污染物排放量的变化计算污染物浓度的变化，在此基础上，借鉴流行病学的暴露—反应函数量化公共健康的物理量变化。

　　为了简便计算，本书采用箱式模型[①]，假设中国处在一个排放源均匀混合的箱子中，其中具有均匀的大气条件，而且污染物的化学反应机制较为简单，同时，每时期的污染物排放量当期完全净化消耗掉，不存在污染物的累积排放量，其公式如下：

$$C = b + \frac{S \cdot L}{u \cdot H} \tag{6-93}$$

其中，C 表示污染物排放的浓度值（$\mu g/m^3$），b 表示没有人为活动时的自然界气体浓度值，即背景浓度值（$\mu g/m^3$），S 表示污染物的排放率，L 和 H 分别表示长度和高度，u 表示平均风速。鉴于相关参数数据的可获性，我们假设基准情景和未来情况中的天气相关参数是不变的，从而获得以下简化方程用于计算污染物浓度的变化：

$$\frac{S_t}{S_s} = \frac{C_t - b}{C_s - b} \tag{6-94}$$

其中，S_s 和 S_t 分别代表污染物基准排放率和未来排放率，C_s 和 C_t 分别代表污染的基准浓度值和未来浓度值。在污染气体排放均匀的假设下，S_s 和 S_t 的比率可以视为污染气体基准排放量 Z_s 与未来排放量 Z_t 的比率，从而式（6-94）转化为：

$$\frac{Z_t}{Z_s} = \frac{C_t - b}{C_s - b} \tag{6-95}$$

---

① De Nevers N. Air Pollution Control Engineering [M]. Long Grove：Waveland Press, 2010.

在确定污染物浓度变化的基础上，采用暴露—反应方程来量化公共健康的物理变化，即式（6-96）和式（6-97），具体参见陈和何（2014）。[1] 在本书中，考虑到数据的可获性，选取了六种健康终端，包括呼吸系统死亡率、心血管死亡率、呼吸系统住院率、心血管住院率、哮喘就诊率和急性支气管炎。这种量化分析方法在健康风险评估研究中被广泛使用（Quah and Boon，2003；Wang and Mauzerall，2006；Guo et al.，2010），[2][3][4] 但是需要说明的是，如果阈值确实存在的话，这种方法会高估污染带来的经济负担。

$$Case_{i,t}^{Morbidity} = ER_{i,t} \cdot C_t \cdot P \qquad (6-96)$$

$$Case^{AM} = ER_i^{AM} \cdot C_t \cdot P \cdot M \qquad (6-97)$$

其中，ER_i、C、P、ER^{AM}、M 分别指非死亡健康终端 i 与污染气体之间的暴露—反应系数、污染气体的浓度、暴露人口、与污染气体有关的过早死亡暴露—反应系数以及整体死亡率。

6.1.2.10 均衡条件

模型的均衡条件由各经济行为主体最优化问题的一阶条件、资本积累方程、生产函数、市场出清条件和外生冲击等组成，整理如下：

$$C_t^\sigma \theta N_t^\phi = w_t \qquad (6-98)$$

$$E_t \frac{C_{t+1}^\sigma}{C_t^\sigma} \pi_{t+1} = \beta E_t R_t^d \qquad (6-99)$$

① Chen S M, He L Y. Welfare Loss of China's Air Pollution: How to Make Personal Vehicle Transportation Policy [J]. China Economic Review, 2014, 31: 106-118.

② Quah E, Boon T L. The Economic Cost of Particulate Air Pollution on Health in Singapore [J]. Journal of Asian Economics, 2003, 14 (1): 73-90.

③ Wang X, Mauzerall D L. Evaluating Impacts of Air Pollution in China on Public Health: Implications for Future Air Pollution and Energy Policies [J]. Atmospheric Environment, 2006, 40 (9): 1706-1721.

④ Guo X R, Cheng S Y, Chen D S, et al. Estimation of Economic Costs of Particulate Air Pollution from Road Transport in China [J]. Atmospheric Environment, 2010, 44 (28): 3369-3377.

$$K_{t+1} = \left[1 - \frac{\chi}{2} \left(\frac{I_t}{I_{t-1}} - 1 \right)^2 \right] I_t + (1 - \delta) K_t \qquad (6-100)$$

$$1 = q_t \left[1 - \frac{\chi}{2} \left(\frac{I_t}{I_{t-1}} - 1 \right)^2 - \chi \left(\frac{I_t}{I_{t-1}} - 1 \right) \frac{I_t}{I_{t-1}} \right] + \beta E_t \frac{C_t^\sigma}{C_{t+1}^\sigma} q_{t+1} \chi \left(\frac{I_{t+1}}{I_t} - 1 \right) \left(\frac{I_{t+1}}{I_t} \right)^2$$

$$(6-101)$$

$$Y_{P,t} = A_{P,t} K_{P,t}^\alpha N_{P,t}^{1-\alpha} \qquad (6-102)$$

$$r_{P,t}^k = \alpha \frac{P_t^w}{P_t} A_{P,t} K_{P,t}^{\alpha-1} N_{P,t}^{1-\alpha} (1 - p_{Z,t} \mu) \qquad (6-103)$$

$$w_{P,t}^k = (1-\alpha) \frac{P_t^w}{P_t} A_{P,t} K_{P,t}^\alpha N_{P,t}^{-\alpha} (1 - p_{Z,t} \mu) \qquad (6-104)$$

$$Z_{P,t} = \mu Y_{P,t} \qquad (6-105)$$

$$Y_{G,t} = A_{G,t} \left(e^{L_{g,t}} K_{G,t} \right)^\alpha \left(N_{G,t} \right)^{1-\alpha} \qquad (6-106)$$

$$r_{G,t}^k = \alpha \frac{P_t^w}{P_t} A_{G,t} \left(e^{L_{g,t}} \right)^\alpha K_{G,t}^{\alpha-1} N_{G,t}^{1-\alpha} \qquad (6-107)$$

$$w_{G,t} = (1-\alpha) \frac{P_t^w}{P_t} A_{G,t} \left(e^{L_{g,t}} \right)^\alpha K_{G,t}^\alpha N_{G,t}^{-\alpha} \qquad (6-108)$$

$$R_{P,t+1}^e = \frac{R_{P,t+1}^k + Q_{t+1} (1 - \delta)}{Q_t} \qquad (6-109)$$

$$E_t R_{p,t+1}^e = \tau_P R_t^d \qquad (6-110)$$

$$R_{G,t+1}^e = \frac{R_{G,t+1}^k + Q_{t+1} (1 - \delta)}{Q_t} \qquad (6-111)$$

$$E_t R_{G,t+1}^e = \tau_G R_t^d \qquad (6-112)$$

$$\pi_t^\# = \frac{\epsilon}{\epsilon - 1} \frac{m_{1,t}}{m_{2,t}} \pi_t \qquad (6-113)$$

$$m_{1,t} = \frac{1}{C_t^\sigma} MC_t Y_t + \eta \beta E_t \pi_{t+1}^{\epsilon-1} m_{1,t+1} \qquad (6-114)$$

$$m_{2,t} = \frac{1}{C_t^\sigma} Y_t + \eta \beta E_t \pi_{t+1}^{\epsilon-2} m_{2,t+1} \qquad (6-115)$$

$$MC_t = \frac{P_t^w}{P_t} \qquad (6-116)$$

$$\pi_t^{1-\epsilon} = (1-\eta)\pi_t^{\#,1-\epsilon} + \eta \qquad (6-117)$$

$$G_{x,t} = p_{z,t}Z_t \qquad (6-118)$$

$$G_t = g_t Y_t \qquad (6-119)$$

$$N_{P,t} = N_{G,t} = N_t \qquad (6-120)$$

$$K_t = \upsilon K_{G,t} + (1-\upsilon)K_{P,t} \qquad (6-121)$$

$$Y_t = \upsilon Y_{G,t} + (1-\upsilon)Y_{P,t} \qquad (6-122)$$

$$Y_t = C_t + I_t + G_t + G_{x,t} \qquad (6-123)$$

$$\ln g_t = (1-\rho_g)\ln(g) + \rho_g \ln g_{t-1} + \varepsilon_{g,t} \qquad (6-124)$$

$$R_t^d = (1-\rho_r)R^d + \rho_r R_{t-1}^d + (1-\rho_r)[\psi_\pi(\pi_t - \pi) + \psi_Y(Y_t - Y)] + \varepsilon_{r,t}$$
$$(6-125)$$

$$\ln A_{G,t} = \rho_{Ag}\ln A_{G,t-1} + \varepsilon_{Ag,t} \qquad (6-126)$$

$$\ln A_{P,t} = \rho_{Ap}\ln A_{P,t-1} + \varepsilon_{Ap,t} \qquad (6-127)$$

$$\ln\tau_{G,t} = (1-\rho_\tau)\ln\tau_g + \rho_\tau\ln\tau_{g,t-1} + \varepsilon_{\tau g,t} \qquad (6-128)$$

$$wf_t = U(C_t, N_t) + \beta E_t wf_{t+1} \qquad (6-129)$$

$$\frac{Z_t}{Z_s} = \frac{C_t - b}{C_s - b} \qquad (6-130)$$

$$Case_{i,t}^{Morbidity} = ER_{i,t} \cdot C_t \cdot P \qquad (6-131)$$

$$Case^{AM} = ER_i^{AM} \cdot C_t \cdot P \cdot M \qquad (6-132)$$

6.1.3　数量型绿色信贷模型的设定

　　绿色信贷政策的一个核心机制是通过各种激励或惩罚手段增加绿色企业信贷的可获性，可获性的直接结果是增加绿色类企业的信贷供给量，同时，从信贷的期限结构出发，信贷供给量的增加又包括短期贷款供给量的增加和中长期贷款供给量的增加，短期贷款主要用于满足借款人生产、经营中的流动资金需求，影响企业的资本投入。中长期贷款一方面用于改造更新企业设备，研发改进技术，扩大产能等；另一方面用于基础设施建设、固定资产投资等。这两个方面的投向都有利于促进企业的全要素生产率（范从来等，2012）。[①] 因此，本章将从短期贷款供给量增加和中长期贷款供给量增加两个视角分析数量型绿色信贷的产出和福利效应，由于本书的绿色信贷主要是指聚焦于绿色企业的信贷调整制度，因此，数量型绿色信贷的调整主要针对的是绿色类中间品生产企业的生产决策行为，为了便于比较以及模型的简化，其他部门的行为决策条件不变。

在数量型绿色信贷调整下，参照范从来等（2012）[②] 的设置方式，绿色类企业的生产函数为：

$$Y_{G,t} = e^{L_t} A_{G,t} (e^{S_t} K_{G,t})^{\alpha} (N_{G,t})^{1-\alpha} \qquad (6-133)$$

其中，e^{S_t} 为短期贷款企业资本要素投入的冲击，e^{L_t} 为中长期贷款对企业全要素生产率的冲击，其他变量含义与上面相同。绿色类中间品厂商的利润最大化问题为：

$$\min_{K_{G,t}, N_{G,t}} TP_{G,t} = P_t^w e^{L_t} A_{G,t} (e^{S_t} K_{G,t})^{\alpha} (N_{G,t})^{1-\alpha} - W_{G,t} N_{G,t} - R_{G,t}^k K_{G,t}$$

$$(6-134)$$

分别对 $K_{G,t}$ 和 $N_{G,t}$ 求一阶导数，令 $w_{G,t} = \dfrac{W_{G,t}}{P_t}$，$r_{G,t}^k = \dfrac{R_{G,t}^k}{P_t}$，得到：

$$r_{G,t}^k = \alpha \frac{P_t^w}{P_t} e^{L_t} (e^{S_t})^{\alpha} A_{G,t} K_{G,t}^{\alpha-1} N_{G,t}^{1-\alpha} \qquad (6-135)$$

$$w_{G,t} = (1-\alpha) \frac{P_t^w}{P_t} e^{S_t} (e^{L_t})^{\alpha} A_{G,t} K_{G,t}^{\alpha} N_{G,t}^{-\alpha} \qquad (6-136)$$

6.2 模型求解和参数校准与估计

本章基于新凯恩斯 DSGE 模型构建的价格型绿色信贷模型共有 Y_t，

---

①② 范从来，盛天翔，王宇伟. 信贷量经济效应的期限结构研究 [J]. 经济研究，2012 (1)：80 – 91.

C_t, I_t, K_t, N_t, w_t, G_t, G_{xt}, R_t^d, q_t, $Y_{P,t}$, $A_{P,t}$, $K_{P,t}$, $N_{P,t}$, $r_{P,t}^k$, $w_{P,t}$, $R_{P,t}^e$, $\mathrm{p}_{Z,t}$, Z_P, $Y_{G,t}$, $A_{G,t}$, $K_{G,t}$, $N_{G,t}$, $r_{G,t}^k$, $R_{G,t}^e$, $w_{G,t}$ 等 40 个变量和式（6-98）至式（6-132）40 个方程，其中，式（6-120）包含两个方程，式（6-131）和式（6-132）共包含六个健康终端的方程，即式（6-131）和式（6-132）代表了六个方程，而数量型绿色信贷在此基础上增加两个变量和两个方程。

6.2.1 稳态求解

动态随机一般均衡模型的求解，主要是指基于模型均衡条件下对模型中的内生变量求解稳态的过程。稳态即内生变量在每一期都相等，$E_t x_{t+1} = x_t = x_{t-1} = x_{ss}$，去掉所有变量的期望和时间下标即为其稳态值。

在稳态时通货膨胀 π_t 的稳态值为 1，由式（6-117）可知，$\pi_t^{\#}$ 的稳态值同样为 1，进而由式（6-114）和式（6-115）可得 $m_{1,t}$ 和 $m_{2,t}$ 的稳态值为：

$$m_1 = \frac{1}{1-\eta\beta}\frac{1}{C^\sigma}MCY \tag{6-137}$$

$$m_2 = \frac{1}{1-\eta\beta}\frac{1}{C^\sigma}Y \tag{6-138}$$

将式（6-137）和式（6-138）代入式（6-113），可得：

$$MC = \frac{\epsilon}{\epsilon-1} \tag{6-139}$$

对其他变量的稳态值整理，可得：

$$A_P = 1 \tag{6-140}$$

$$A_G = 1 \tag{6-141}$$

$$q = 1 \tag{6-142}$$

$$g = g \tag{6-143}$$

$$R^d = \frac{1}{\beta} \tag{6-144}$$

$$\tau_P = \tau_P \tag{6-145}$$

$$\tau_G = \tau_G \tag{6-146}$$

$$R_G^e = \tau_G R^d \tag{6-147}$$

$$r_G^k = R_G^e - (1-\delta) \tag{6-148}$$

$$\frac{K_G}{N_G} = \left(\frac{MC\alpha}{r_G^k}\right)^{\frac{1}{1-\alpha}} \tag{6-149}$$

$$w_G = (1-\alpha) MC \left(\frac{K_G}{N_G}\right)^{\alpha} \tag{6-150}$$

$$\frac{Y_G}{N_G} = \left(\frac{K_G}{N_G}\right)^{\alpha} \tag{6-151}$$

$$R_P^e = \tau_P R^d \tag{6-152}$$

$$r_P^k = R_P^e - (1-\delta) \tag{6-153}$$

$$\frac{K_P}{N_P} = \left[\frac{MC\alpha(1-p_z u)}{R_P^k}\right]^{\frac{1}{1-\alpha}} \tag{6-154}$$

$$w_P = MC(1-\alpha) \left(\frac{K_P}{N_P}\right)^{\alpha} (1-p_z u) \tag{6-155}$$

$$\frac{Y_P}{N_P} = \left(\frac{K_P}{N_P}\right)^{\alpha} \tag{6-156}$$

$$\frac{K}{N} = v\left(\frac{K_G}{N_G}\right) + (1-v)\left(\frac{K_P}{N_P}\right) \tag{6-157}$$

$$\frac{Y}{N} = v\left(\frac{Y_G}{N_G}\right) + (1-v)\left(\frac{Y_P}{N_P}\right) \tag{6-158}$$

$$\frac{I}{N} = \delta \frac{K}{N} \tag{6-159}$$

$$\frac{C}{N} = (1-g)\frac{Y}{N} - \frac{I}{N} - \frac{G_x}{N} \tag{6-160}$$

$$w = MC(1-\alpha)\frac{Y}{N} \tag{6-161}$$

$$N = \left[\frac{1}{\theta}\frac{1}{(C/N)^{\sigma}}W\right]^{\frac{1}{\sigma+\phi}} \tag{6-162}$$

$$N_P = N_G = N \tag{6-163}$$

6.2.2 参数校准与估计

根据德内格罗和斯科菲德（Del Negro and Schorfheide，2008）[①]，赫布斯特和斯科菲德（Herbst and Schorfheide，2015）[②] 对模型参数类型的划分，参数集可以分成三类。第一类参数是影响内生变量稳态值，并且容易通过相关宏观变量的稳态值来校准的参数；第二类参数为影响内生变量稳态值，但是难以用宏观变量数据矩来进行校准，同时，在模型中运用估计方法又难以估计的参数，对于此类参数，常利用前人研究成果来校准；第三类为估计参数，这类参数最显著的特征就是不影响内生变量的稳态值，通常为冲击的自回归系数和政策反应系数。因此，本章理论模型中所涉及的参数采用校准与估计相结合的方法进行，除特别说明外，本章所有实际数据均来自 Wind 数据库，为了提高模型的可比性和运行效率，本章在模型参数估计及校准部分综合考虑价格型绿色信贷和数量型绿色信贷。

在本模型中，假设绿色类厂商和非绿色类厂商投入的资本和劳动的份额是一样的，因此，根据总体的生产函数形式和资本需求方程可以得到 $\alpha = 1 - WN/Y$，根据实物交易资金流量表，1992~2016 年以收入法核算的中国国内生产总值的构成中劳动者报酬的平均占比是 0.5149，据此求得参数 $\alpha = 0.4851$。由式（6-144）可得 $\beta = 1/R^d$，其中，R^d 为无风险利率，本章取银行 7 天同业拆借市场利率的均值 2.8195%，时间区间为 1999 年第一季度到 2018 年第四季度，在模型中以季度作为时间的间隔，但是统计数据中

① Del Negro M，Schorfheide F. Forming Priors for DSGE Models（and how it affects the assessment of nominal rigidities）[J]. Journal of Monetary Economics，2008，55（7）：1191-1208.

② Herbst E P，Schorfheide F. Bayesian Estimation of DSGE Models [M]. Princeton：Princeton University Press，2015.

大多是以年度为标准来公布相关的利率信息，因此，需要按照一定的方法将其转化为季度利率，所以，贴现因子 $\beta = 1/(1 + 2.8195\%)^{1/4} = 0.993$。

参照陈昆亭和龚六堂（2006）[①] 将季度折旧率设为 $\delta = 0.025$，这意味着年度折旧率为 10%。借鉴康立和龚六堂（2014）[②] 设定劳动负效用的权重 $\theta = 3.4$，劳动供给弹性参数 ϕ 设为 0.5，消费跨期替代弹性倒数 $\sigma = 2$。投资调整成本的权重 χ 参照马文涛和魏福成（2011）[③] 以及何青等（2015）[④] 的设定取值为 2。$\epsilon/(\epsilon - 1)$ 为价格加成比例，参照马家进（2018）[⑤] 的研究，将其校准为 1.2，则 $\epsilon = 6$，参照王文甫（2010）[⑥] 将价格粘性的概率 η 校准为 0.75，根据 1992~2016 年政府财政支出占 GDP 的比重将 g 的稳态校准为 0.1322。根据银行业 7 天同业拆借利率将利率 R_d 的稳态校准为 1.007，根据现有绿色信贷占各项贷款余额的比例，将绿色企业的占比 v 校准为 0.1，由于在企业的生产过程中会排放多种污染物，而且根据我国现有的环境税政策针对不同的污染物征收的税费是有差异的，因此，本章在数值模拟中主要以二氧化硫为例进行分析，根据我国环境税的相关规定对二氧化硫每污染当量征收 1.2~12 元，本章取中间值计算，得到 p_z 的校准值为 0.00695，根据我国 2000~2017 年二氧化硫排放量占 GDP 的比重校准二氧化硫的排放系数 $u = 0.534$。根据银行 7 天同业拆借加权利率和金融机构人民币贷款加权平均利率，将企业的外部融资溢价比例校准为 1.02。绿色信贷政策背景下，将绿色企业的外部融资溢价比例设定为 1.01，价格型绿色信贷的冲击主要是通过对绿

① 陈昆亭，龚六堂. 粘滞价格模型以及对中国经济的数值模拟——对基本 RBC 模型的改进 [J]. 数量经济技术经济研究，2006（8）：106–117.

② 康立，龚六堂. 金融摩擦、银行净资产与国际经济危机传导——基于多部门 DSGE 模型分析 [J]. 经济研究，2014（5）：147–159.

③ 马文涛，魏福成. 基于新凯恩斯动态随机一般均衡模型的季度产出缺口测度 [J]. 管理世界，2011（5）：39–65.

④ 何青，钱宗鑫，郭俊杰. 房地产驱动了中国经济周期吗？[J]. 经济研究，2015（12）：41–53.

⑤ 马家进. 金融摩擦、企业异质性和中国经济波动 [D]. 杭州：浙江大学，2018.

⑥ 王文甫. 价格粘性、流动性约束与中国财政政策的宏观效应——动态新凯恩斯主义视角 [J]. 管理世界，2010（9）：11–25.

色类企业的外部融资溢价比例进行负向冲击来实现的，校准的部分参数见表6-1。

表6-1　　　　绿色信贷DSGE模型中部分参数的校准值

参数符号	模型中的含义	校准值	参数符号	模型中的含义	校准值
α	资本在产出中的份额	0.4851	ϵ	价格动态系数	6
β	贴现因子	0.993	υ	绿色类企业占比	0.1
δ	折旧率	0.025	p_z	环境税系数	0.00695
θ	劳动负效用权重	3.4	u	污染系数	0.534
ϕ	劳动供给弹性参数	0.5	g_ss	政府购买系数稳态	0.1322
σ	消费跨期替代弹性倒数	2	R_d_ss	利率稳态	1.007
χ	投资调整成本权重	2			

对于福利和公共健康部分的参数值由于数据的可获性主要是借鉴前人的相关研究，参考吴丹等（2010）[①] 的相关研究将二氧化硫的背景浓度设为$8\mu g/m^3$，同时，在公共健康部分设定基期为2015年，进而从《中国环境统计年鉴》中得到2015年二氧化硫的基期浓度为$21.58\mu g/m^3$，由《中国统计年鉴》1992~2017年的人口数及死亡率均值得到暴露人口和整体死亡率的参数为129525万人和0.00169。此外，与呼吸系统死亡率、心血管死亡率、呼吸系统住院率、心血管住院率、哮喘就诊率和急性支气管炎六大健康终端相关的暴露—反应系数参见刘和何（2021）。

针对模型中的第三类参数我们采用贝叶斯方法进行估计，根据贝叶斯估计方法，待确定的参数可以用概率分布来描述，并可以将其看作随机变量。待确定参数的概率分布往往被称为"先验分布"，这是因为其参数的概率分布状况是客观存在的，换言之，在我们得到相关变量的统计信息之前，参数的概率分布状况就已经存在。贝叶斯的方法是根据相关的样本数据和先验分布信息，得到参数的后验分布，同时，用得到的后验分布来推断参数的取值。需要注意的是，在经典的统计理论中，参

---

① 吴丹，辛金元，孙扬，等.2008年奥运期间华北区域大气污染物本底浓度变化与分析[J].环境科学，2010，31（5）：1130-1138.

数是真实的，数据是随机的，从数据中推断参数；而在贝叶斯估计中，参数是随机的，数据是真实的。

　　因此，在贝叶斯估计中样本数据是起点，在本章构建的理论模型中存在 5 个外生冲击，根据识别估计条件，需要不超过 5 个观测变量对参数进行贝叶斯估计，本书选择国内生产总值（GDP）、社会消费品零售总额、银行 7 天同业拆借利率、固定资产投资额和消费者价格指数（CPI）作为产出、消费、利率、投资和通货膨胀的观测变量，样本区间为 1999 年第一季度至 2018 年第四季度。将所有名义变量依据 GDP 平减指数转化为实际变量，所以首先要将年度的 GDP 平减指数按照复利计算方式转化成季度 GDP 平减指数。① 得到季度 GDP 平减指数后，季度的名义 GDP 除以 GDP 平减指数得到实际产出，实际消费变量由季度名义社会消费品零售总额与 GDP 平减指数相除得到，由于银行 7 天同业拆借利率为月度数据，因此，根据月度的加权利率和交易量加权平均计算出季度的银行 7 天同业拆借加权利率，实际投资由季度名义固定资产投资除以 GDP 平减指数得到，对于通货膨胀的数据处理，借鉴曲晓燕等（2010）② 的处理方法，首先，根据上月 = 100 的 CPI 当月值和上年同月 = 100 的 CPI 当月值，将 CPI 转换为以 1999 年 1 月为基期的月度定基 CPI，然后，再将月度定基 CPI 转换为当季环比 CPI 作为通货膨胀的观测变量。对五个观测变量进行初步的数据处理后，对除利率和通胀的其他三个变量利用 X－12 方法对数据进行季节性调整，去除季节性因素，并进行对数差分对数据进行去趋势、去均值处理，最终得到变量的波动部分，作为测量方程的观测变量来进行贝叶斯估计。同时，根据文献的常用做法指定外生变量 AR(1) 过程中的自回归系数的先验分布为贝塔（Beta）分布，外生冲击方程的先验分布为逆伽马（inv_gamma）分布，

---

　　① 王文甫. 价格粘性、流动性约束与中国财政政策的宏观效应——动态新凯恩斯主义视角 [J]. 管理世界，2010（9）：11－25，187.
　　② 曲晓燕，张实桐，伍艳艳. 价格指数使用过程中应注意的几点问题 [J]. 价格理论与实践，2010（9）：46－47.

产出缺口系数和通胀缺口系数服从伽马（gamma）分布，贝叶斯估计的结果见表6-2。

表6-2 参数的先验分布和贝叶斯估计结果

参数	先验分布	后验均值	90% 置信区间
ρ_{Ag}	B [0.8, 0.1]	0.8988	[0.8958, 0.9011]
ρ_{Ap}	B [0.8, 0.1]	0.7402	[0.7337, 0.7458]
ρ_g	B [0.8, 0.1]	0.8782	[0.8734, 0.8836]
ρ_τ	B [0.9, 0.1]	0.8784	[0.8735, 0.8838]
ρ_r	B [0.75, 0.1]	0.7501	[0.7479, 0.7606]
ψ_π	N [2.6, 0.1]	1.3505	[1.3149, 1.3998]
ψ_y	N [0.6, 0.05]	0.1346	[0.1339, 0.1354]
ε_{Ag}	Invg [0.01, inf]	0.0082	[0.0024, 0.0143]
ε_{Ap}	Invg [0.01, inf]	0.0185	[0.0177, 0.0201]
ε_g	Invg [0.01, inf]	0.1884	[0.1689, 0.2111]
ε_τ	Invg [0.01, inf]	0.0318	[0.0219, 0.0383]
ε_r	Invg [0.01, inf]	0.0166	[0.0139, 0.0194]

由表6-2可以看出，贝叶斯估计结果都比较显著，其后验分布的均值均在置信区间内，而且大部分参数后验均值与先验分布相差不远，从侧面说明了模型中的参数估计的结果相对较好，也就为后续的脉冲响应分析奠定了坚实的基础。

接下来，在构建的理论模型的基础上采用脉冲响应函数分析绿色信贷冲击下宏观变量的变化方向、变化程度以及动态演变路径。脉冲响应函数意味着在当期对变量的随机误差项给予一个标准差大小的冲击，分析模型中各内生变量在当期和未来各期对冲击的动态响应路径。

6.3 价格型绿色信贷的产出和福利效应分析

为环境友好型、资源节约型企业提供优惠利率贷款是激励性绿色信贷的一种重要政策手段。2016年8月，中国人民银行等七部委联合印发了《关于构建绿色金融体系的指导意见》（以下简称《意见》）。《意见》中提出了一系列包含再贷款、专业化担保机制、设立国家绿色发展基金等在内的激励性措施来引导和支持社会主体的绿色投融资行为。基于各级政府及监管机构一系列的激励措施，金融机构进一步完善绿色信贷定价机制，总体思路是针对绿色产业给予优惠利率，如建设银行湖州分行面向个人客户推出"绿贝"优惠利率信贷产品，将客户产生的环境效益与利率直接挂钩。"绿贝"是指客户使用该行绿色金融产品产生的环境效益可兑换成绿贝值，个人客户可凭借绿贝值获得差异化优惠信贷利率，绿贝值在 1000 ~ 2000 分（含），信贷利率较同类客户下降 1 个百分点；在 2000 ~ 3000 分（含），下降 2 个百分点；大于 3000 分的，下降 3 个百分点。浦发银行建立低碳产业链上下游绿色金融产品体系，制定差异化定价策略。一是对纳入绿色金融债投放范围的绿色信贷业务，根据客户评级、担保方式等因素，利率可下调 10 ~ 20bp；二是与国际金融公司合作开发能效信贷产品，由国际金融公司承担 50% 的信贷本息损失，有效降低了该类产品的利率水平；三是针对绿色供应链产品，信贷利率水平可执行低于同类客户 5 ~ 20bp 的标准。南巡农商行针对绿色信贷客户采取"一户一价"策略，如针对绿色农业及农户信贷，利率浮动幅度下降 5 ~ 10 个百分点，绿色小微企业信贷利率浮动幅度下降 5 个百分点。[①] 无论是通过哪种具体的定价机制或者是激励措施，最终要实现的目标是降低绿色企业的信贷融资成本，因此，在模型构建中对价格型的绿色信贷主要是通过对绿色企业和非绿色企业的外部融资溢价 $\tau_{G,t}$ 和 $\tau_{P,t}$ 进行不同设置来实现的。本章在 $t = 1$ 时期给予绿色类企业外部融资溢价一个标准差的负向变动冲击，计算模型中所有宏观变量随时间演化的响应值，模拟的时间跨度是 40 期，时间的单位间隔是季度，横轴为期数，纵轴的含义是模型中的内生变量受到外生冲击后偏离稳态的数值。

---

① 以上案例资料来源于中国金融学会绿色金融专业委员会，http://www. greenfinance. org. cn/displaynews. php？id = 2396。

　　价格型绿色信贷政策下主要宏观经济变量的脉冲响应如图 6 - 2 所示，可以看到，绿色类企业外部融资成本的降低，会增加绿色类企业对信贷资金的需求，进而绿色类企业资本要素投入增加，使得绿色类企业的产出水平提升，同时，拥有优惠利率的绿色信贷在信贷市场上会挤占一部分非绿色类企业的信贷需求，最终导致非绿色类企业的资本和产出呈现下降趋势。但是，绿色类企业贷款利率的下降，刺激了整体经济的投资需求，从而使得总产出仍呈现上升趋势，在短期内总产出迅速上升，长期内产出的上升幅度降低慢慢回归稳态，表明价格型绿色信贷具有显著的产出扩张效应。此外，绿色信贷政策背景下绿色类企业产出增长，同时在信贷市场上对非绿色类企业厂商产生挤出效应进而使得非绿色类企业产出下降，这意味着价格型绿色信贷有利于产业结构的优化升级。

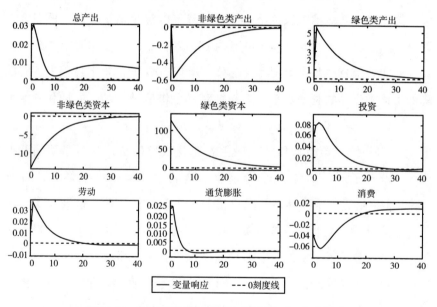

图 6 - 2　价格型绿色信贷冲击的影响——产出效应

　　基于金融加速器理论，金融机构在确定贷款利率时将考虑信息搜集成本，因此，会导致企业外部融资溢价的出现。绿色类企业外部融资溢价比例的下降会在一定程度上拉低整体经济的外部融资成本，从而刺激投资活动增加，资本存量增加，但是，由于投资调整成本以及折旧率的存在，资本存量的调整存在一定的时滞，在替代效应的影响下，投资（储蓄）的增加导致消费的减少，然而，随着收入水平的增加，居民仍然会增加消费，减少劳动供给，所以消费的响应路径呈现出先下降后上升的状态。在家庭部门当期的决策中消费的减少带来劳动供给的增加，劳动要素和资本要素投入的增加使得经济的总产出增加。此外，绿色类企业外部融资成本的降低使得绿色类企业增加投资，进而导致绿色产出的上升，同时，随着投资的增加，生产的边际产出下降，边际成本上升，由于中间品厂商处于完全竞争环境中，最终品厂商处于垄断竞争中，最终品厂商以统一的批发价格 P_t^w 向中间品厂商收购中间产品，因此，批发价格会随着边际成本的增加而增加。边际成本以及批发价格的上升最终会导致通货膨胀的上升，但是对于通货膨胀的这种影响一般较弱，而且时效较短，如图 6-2 所示，即短期内价格型绿色信贷政策会造成通货膨胀水平的压力。

绿色信贷的福利效应主要分三个视角展开：环境、健康和居民效用福利。在价格型绿色信贷政策背景下，如图 6-3 所示，随着非绿色类产出水平的下降，二氧化硫的排放量和浓度在价格型绿色信贷的冲击下也呈现出下降状态，下降趋势与非绿色类产出的下降趋势基本一致，表明价格型绿色信贷具有明显的环境福利效应。基于二氧化硫浓度计算的呼吸系统死亡率、心血管死亡率、呼吸系统住院率、心血管住院率、哮喘就诊率和急性支气管炎就诊率均出现相同的下降趋势，由此可以推算，由这六大健康终端造成的经济损失也将会出现下降趋势，同时，由图中可以看到，非死亡健康终端的减少量大于死亡健康终端的减少量，表明价格型绿色信贷政策具有明显的健康福利效应。此外，价格型绿色信贷冲击下劳动供给前期呈现出增加趋势，后期呈现出下降倾向，而消费则呈现出先下降后上升的响应路径，在劳动负效用和消费正效用的共同作用下，效用福利呈现出先下降，在第 8 期左右转为后上升的响应路径，表明短期内价格型绿色信贷会降低居民的效用福利水平而长期内会增加居民的效用福利水平。

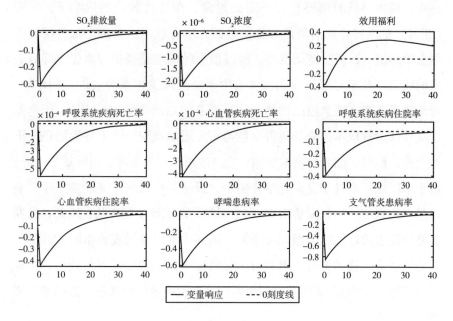

图 6 - 3 价格型绿色信贷冲击的影响——福利效应

6.4 数量型绿色信贷的产出和福利效应分析

自 2007 年绿色信贷正式启动以来，各级政府、环保部门及银行监管部门陆续出台了一系列绿色信贷的相关文件，2017 年 6 月，在浙江、广东、新疆、贵州、江西设立了绿色金融改革创新试验区，2018 年 7 月，中国人民银行制定《银行业存款类金融机构绿色信贷业绩评价方案（试行）》，对银行业金融机构的绿色信贷业务开展评价，并将评价结果纳入银行业金融机构宏观审慎考核。各级政府及监管机构对绿色发展、绿色金融展现出了坚定的信心和决心。这使得商业银行金融机构在经营管理过程中日益重视环境因素，尤其是在信贷的发放过程中，但是由于节能减排项目、环保项目往往具有投资规模大、周期长、资金回收时间长、社会效益和生态效益大于经济效益的特点，同时，我国绿色信贷仍处于初步发展阶段，各级政府及相关部门对商业银行开展绿色信贷的激励政策（如财政贴息、担保、补贴等）尚未完善，商业银行在绿色信贷政策执行层面更多地倾向于在不改变贷款利率的情况下为环境友好型企业提供绿色融资渠道。因此，数量型绿色信贷的产出和福利分析中假设绿色企业和非绿色企业外部融资成本不存在差异，并在数值模拟部分给予绿色类企业信贷量的倾斜，同时又考虑到信贷的期限问题，分别从短期贷款和中长期贷款两个层面来考察数量型绿色信贷的产出和福利效应。

在不降低绿色类企业外部融资成本的条件下，增大对绿色类企业短期贷款供给量，绿色类企业的资本投入量增加，进而影响最终的绿色类企业产出，对绿色类产出产生规模扩张效应。中长期贷款的绿色信贷冲击下，绿色类企业资本投入的增加量更多，这主要是因为绿色类企业或项目一般投资周期较长，中长期贷款与投资建设周期在期限上更匹配，绿色企业将所获得的贷款更多地投入生产用于扩大生产规模，提高生产技术，而短期贷款期限较短，企业会将大部分用于流动资金，少部分用于生产投入，因此，中长期贷款下绿色类企业产出的增长幅度也更大。信贷量的绿色倾斜挤占了部分非绿色企业的信贷资金，短期内非绿色企业的资本投入下降，但是从长期来看，由于经济系统整体投资水平的上升，物质资本会存在增加趋势，从而使得非绿色类企业的资本投入长期来看呈现小幅增加。资本要素投入的变动趋势使得非绿色企业的产出在较长时间内呈现下降趋势，但后期呈现小幅上涨倾向，从整体经济系统运行来看，绿色类企业产出增长的幅度大于非绿色类企业产出下降的幅度。因此，总产出水平仍然呈现出上升趋势，表明数量型绿色信贷同样具有明显的产出扩张效应，而且这种产出效应比价格型绿色信贷的产出效应更加平稳，同时，中长期贷款带来的产出效应大于短期贷款带来的产出效应。同样地，数量型绿色信贷下绿色类企业对非绿色类企业的挤出效应表明，数量型绿色信贷对产业结构的优化升级有一定的促进作用。

　　如图6-4所示，数量型绿色信贷冲击下投资需求增加，总产出呈现上升趋势，同时带来家庭收入的增长，在冲击的初期阶段家庭部门立即增加消费，由于投资调整成本的存在，使得投资的最大值的滞后期大于消费最大值的滞后期。投资需求和消费需求的提升使得社会总需求增加，但是，数量型绿色信贷下总需求的上升并没有带来通货膨胀的上涨，这主要是因为社会对最终品需求的增加会引起最终品价格的上涨，但是由于经济系统中价格粘性的存在，使得最终品厂商中只有部分厂商有能力调整其价格，大部分最终品厂商只能维持上一期的价格，在这样的情况下，会使得价格离差程度下降，最终会在短期内出现通货膨胀下降的趋势。由图6-4可知，中长期贷款下数量型绿色信贷对通货膨胀的抑制效应更明显，而且与价格型绿色信贷相比，数量型绿色信贷对通货膨胀的影响时间更短。

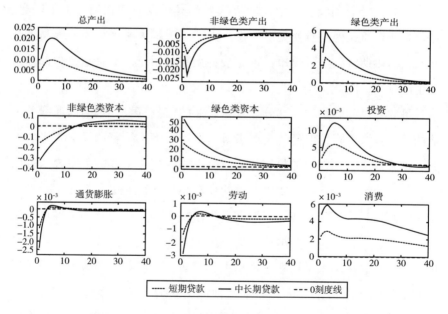

图6-4　数量型绿色信贷冲击的影响——产出效应

　　当宏观经济环境系统面临数量型绿色信贷的冲击时，非绿色类企业产出水平下降，如图6-5所示，二氧化硫的排放量和浓度会出现相应的下降，从结果的定性意义上，数量型绿色信贷和价格型绿色信贷类似，存在明显的环境福利效应。同样地，与污染物排放密切相关的呼吸系统死亡率、心血管死亡率、呼吸系统住院率、心血管住院率、哮喘就诊率和急性支气管炎就诊率也呈现出不同程度的下降趋势，即数量型绿色信贷具有明显的健康效应。同时，由于数量型绿色信贷冲击使得劳动供给下降、消费增加，因此，在数量型绿色信贷政策情景下效用福利水平呈现上升趋势，与价格型绿色信贷相比，在数量型绿色信贷冲击下，居民的效用福利短期和长期内均呈现出上升趋势，表明数量型绿色信贷会使得居民效用福利提升，由图6-5可知，中长期绿色信贷下的环境、健康和居民效用福利的上升幅度均大于短期绿色信贷下的上升幅度。

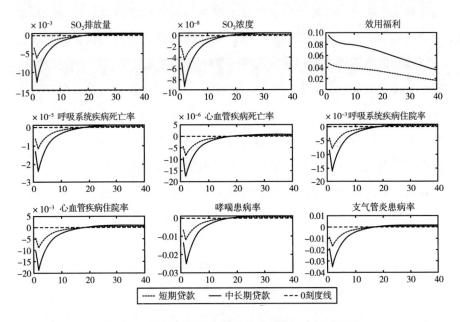

图6-5 数量型绿色信贷冲击的影响——福利效应

综上所述，以二氧化硫为例，价格型绿色信贷和数量型绿色信贷在一定程度上均能实现产出与环境的双赢，同时具有明显的健康福利效应，但是两种绿色信贷政策手段对效用福利产生的作用会存在一些差异。

6.5　本章小结

本章在第 5 章绿色信贷产出和福利效应的理论分析的基础上，进一步构建了具有微观基础的 DSGE 模型，在模型中引入企业异质性、投资调整成本和金融加速器机制，同时，将环境税规制作为政策背景引入模型中，以激励性绿色信贷为例从理论和实证两个方面分析宏观经济变量、污染物排放、健康和效用福利变量对价格型绿色信贷和数量型绿色信贷冲击的动态响应路径。本章的实证结果显示，价格型绿色信贷和数量型绿色信贷对总产出具有显著的正向影响，而且，价格型绿色信贷在短期内能够带来通货膨胀的压力，数量型绿色信贷在短期内能够在一定程度上抑制通货膨胀。在此基础上，以二氧化硫污染物排放为例，分析绿色信贷政策带来的环境福利效应，并基于呼吸系统死亡率、心血管死亡率、呼吸系统住院率、心血管住院率、哮喘就诊率和急性支气管炎就诊率六种健康终端分析绿色信贷政策的健康福利效应，同时，从居民效用的角度考察绿色信贷政策对居民效用福利的影响。数值模拟分析结果显示，价格型绿色信贷和数量型绿色信贷均具有明显的环境福利效应和健康福利效应，但是，价格型绿色信贷政策下以居民效用为代表的社会福利水平在短期内呈下降趋势，长期内呈上升趋势，而数量型绿色信贷能够带来正向的居民效用福利效应。

本章在构建的 DSGE 模型基础上定量测度了价格型和数量型绿色信贷的产出和福利效应，进一步从实证的视角对 CC-LM-EE 分析框架下绿色信贷产出和福利效应的理论分析进行了验证，并从动态的视角对绿色信贷产出和福利效应的作用机制进行了进一步的剖析。

第 7 章 经济环境不确定性下绿色信贷产出和福利效应的分析

激励性绿色信贷能够促进经济增长，同时有利于社会福利的提升，惩罚性绿色信贷下产出水平会下降，同时对社会福利产生不确定的影响，这是第 5 章和第 6 章得到的相关结论。根据第 5 章的理论分析，环境规制的相关变动会引起环境曲线 EE 的变动，环境规制 EE 的变动会进一步对绿色信贷的产出和福利效应产生影响。此外，经济系统中还存在其他的一些不确定性，如经济结构的变化、生产技术水平的变化等。那么，当面对这些经济环境的不确定变化时，绿色信贷的产出和福利效应又会发生怎样的变动？本章在第 6 章构建的 DSGE 模型框架的基础上，进一步引入不同环境规制、不同经济结构以及不同生产技术水平的政策情况，来分析当面对经济环境不确定时，绿色信贷产出和福利效应的变化情况，验证第 5 章对绿色信贷产出和福利效应的理论分析中的相关结论和假设。

7.1 不同环境规制下绿色信贷的产出和福利效应

针对经济增长与环境质量的下降以及由此引致的经济社会风险问题，中国政府采取数量管制、环境税费、可交易排放许可证等多种环境政策措施治理环境问题,努力协调环境治理、经济增长与居民福利之间的关系。2018 年 1 月 1 日,《中华人民共和国环境保护税法》正式施行,按照大气污染物、水污染物、固体废物、噪声税目种类制定不同的税额,如大气污染物每污染当量的征税税额是 1.2 ~ 12 元,地方相关执行部门在实际操作过程中会有一定的自由度,例如,北京市的大气污染物、水污染物纳税标准按照法定上限执行,河北省将环保税大气主要污染物和水主要污染物税额标准分为三档,分别按照国家规定最低标准的 8 倍、5 倍、4 倍执行。作为环境治理的重要手段,环境税的征收一方面能够抑制污染物排放,改善环境质量;另一方面环境税的征收也会对企业的产出产生一定的影响。作为经济绿色转型的主要驱动力,由上面的分析可知,绿色信贷在增加总产出水平的同时能够抑制污染物排放,那么,在不同的环境税规制下,绿色信贷的产出和福利效应又会产生怎样的变化呢?

本章以在 DSGE 模型框架下的环境税为例,分别分析了低环境税和高环境税两种不同的环境规制情景下,绿色信贷产出和福利效应的变化情况。在实证过程中,低环境税情景下环境税的参数为理论模型校准的参数值,为了更直观地展示变化情况,将高环境税情景下环境税的参数设为 0.5,同时,以数量型绿色信贷为例进行数值模拟分析。结果如图 7 - 1 和图 7 - 2 所示,在高环境税规制下,增加了非绿色企业的生产成本,使得其产出水平下降的更多,非绿色企业产出的下降使得对资本的需求降低,在一定的总资源约束下,绿色类企业的产出水平上升得更多。同时,绿色类企业产出水平的持续上升增加了其对资本的需求,从总体经济的变动情况看,环境规制在短期内抑制了绿色信贷的经济扩张效应,但是随着时间的推移,环境规制的产出抑制效应减弱,从长期来看,甚至可以增强绿色信贷的经济扩张效应。另外,在高环境税规制下,经济总体的资本上升水平高于低环境税规制下的资本上升水平,替代了劳动要素的投入,进而使得消费增加。此外,对于绿色信贷的福利效应而言,高环境税规制下非绿色类产出水

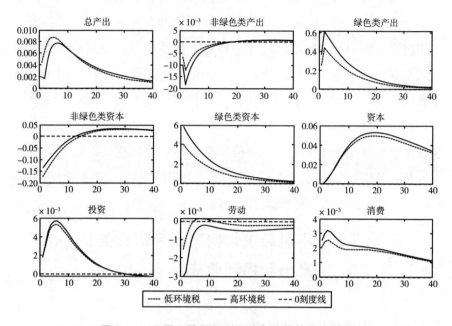

图 7 - 1　不同环境税规制下绿色信贷的产出效应

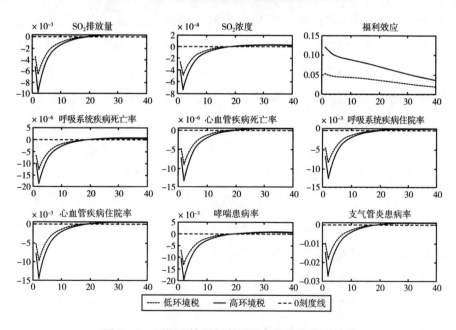

图 7 - 2　不同环境税规制下绿色信贷的福利效应

平下降得更多，因此，减少的二氧化硫排放量将会更多，二氧化硫浓度下降得也将会更多，相应地，由污染排放带来的健康终端的物理量损失将会变得更小，同时，在高环境税规制情景下，绿色信贷带来的效用福利效应也会更高。综上所述，在短期内环境税规制抑制了绿色信贷的经济扩张效应，长期内这种抑制作用逐渐消失，同时环境税规制增强了绿色信贷的环境、健康和居民效用福利的效应。这一结论也验证了第 5 章基于 CC-LM-EE 分析框架对环境规制变动下绿色信贷产出和福利效应的分析。

7.2 不同经济结构下绿色信贷的产出和福利效应

在过去的几十年，中国经济高速增长的同时带来了严重的资源和环境问题，对居民健康产生了严重的威胁，同时日益凸显的资源和环境问题反过来约束了经济的进一步发展。尤其是近年来我国的经济增长速度放缓、产业结构矛盾突出、粗放式经济增长的弊端日益凸显，发展绿色经济走可持续发展道路成为我国经济的必然选择。2017 年，党的十九大报告中多次强调绿色发展理念，从国家战略层面肯定了我国的绿色发展道路。2018 年，政府工作报告重点强调绿色中国建设，追求经济发展质量优先于增长数字。随着国家宏观层面对绿色发展的重视程度不断增加，"绿色经济"这一理念已经开始从理论层面向实践层面转化，各行各业绿色生产、绿色经营的观念不断增强，由此可以判断中国经济的绿色化程度将会不断地增强。作为绿色经济发展的重要驱动力，绿色信贷在金融机构贷款中所占的比例也必然会不断上升。那么，当经济中绿色类企业占比增加、绿色信贷比例不断提高时，绿色信贷对宏观经济及社会福利产生的影响又会发生怎样的变化呢？

为了考察不同经济结构下，即不同的绿色类企业占比下，绿色信贷对产出和福利的影响，本部分设置三种经济结构情况，即绿色类企业在经济中的占比分别是0.1、0.3和0.6，其中，0.1是目前我国宏观经济运行中绿色信贷在各类贷款余额中的占比，同时，本章的数值模拟分析主要是以价格型和数量型绿色信贷为例分别展开的。

　　如图7-3所示，在同样的价格型绿色信贷刺激下，即绿色类企业外部融资溢价比例给予1个标准差的负向冲击，绿色类企业占比越高，资本、劳动和总产出的上升幅度越大。绿色类外部融资溢价比例下降时，绿色类资本投入增加，刺激绿色产出的增长，同时，随着投资的增加，生产的边际产出下降，边际成本上升，进而通货膨胀随之增加，名义利率水平上升，从而使得冲击初期绿色类外部融资成本上升，第2期之后绿色类外部融资成本开始下降。当绿色类企业占比越高时，边际成本上升的幅度越大，在第1期时外部融资成本上升的幅度增大，第2期之后外部融资成本开始转向下降，从而使得随着绿色类企业占比的提高，绿色资本和产出增加的幅度越小。虽然绿色企业占比的提高伴随着其产出增长幅度的下降，但是，随着绿色类企业占比的不断

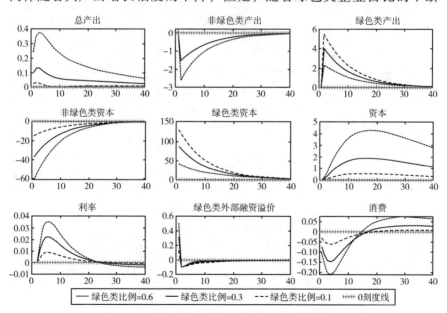

图7-3　不同绿色类企业占比下价格型绿色信贷的冲击——产出效应

提高，绿色企业对非绿色企业的挤出效应越明显，非绿色企业产出下降的趋势被绿色类企业产出上升的趋势所抵消，最终导致绿色类企业占比越高，价格型绿色信贷的产出效果越明显，而且产出的绿色化水平越高。

在同样的数量型绿色信贷刺激下，即绿色类企业资本要素投入给予1个标准差的正向冲击，绿色类企业占比越高，资本、劳动和总产出的上升幅度越大，如图7-4所示。绿色类企业信贷可获得性提高，在相同的资金成本下获得更多的信贷资金，从而促进其产出增长。但是随着绿色类企业在宏观经济中占比的增加，即绿色信贷资金投入量的增加，绿色信贷的边际产出效应递减，从而出现绿色产出增长的幅度随绿色类企业占比的提高而下降的现象；数量型绿色信贷下，社会总需求上升，总需求的上升会进一步引起最终品价格的上涨，由于价格粘性的存在，使得一部分厂商不能及时调整价格，最终使得价格离差下降，对通货膨胀起到一定的抑制作用。同时，绿色类信贷量的增加在信贷市场上挤占了非绿色类企业的信贷需求，从而使得非绿色类企业的产出水平下降，并

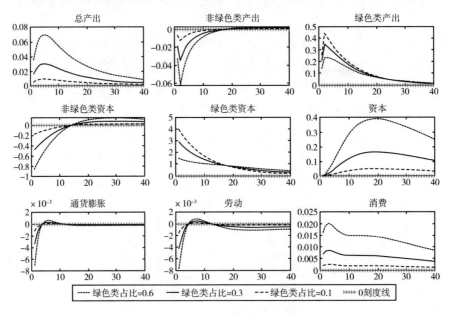

图7-4　不同绿色类企业占比下数量型绿色信贷的冲击——产出效应

且随着绿色类企业占比的增加，对非绿色类企业资本及产出的挤出效应越明显。但是总体而言，绿色类企业产出增长的幅度大于非绿色类企业产出下降的幅度，经济总产出仍然呈现出增长趋势，最终也会导致随着绿色类企业占比的提高，数量型绿色信贷的产出效果越明显，而且产出的绿色化水平越高。综上所述，随着绿色类企业占比的提高，无论价格型绿色信贷还是数量型绿色信贷均能够带来产出的明显增加，而且随着绿色类企业占比的提高，绿色信贷增加了宏观经济的绿色化程度，值得注意的是，随着绿色类企业占比的提高，绿色类产出增长的幅度反而会下降。

无论是价格型绿色信贷还是数量型绿色信贷政策情景下，信贷资金都将更多地流向绿色类企业，在信贷市场上挤占了非绿色类企业的信贷资本，降低了非绿色类企业的产出。并且随着绿色类企业占比的增加，绿色类企业对非绿色类企业的挤占效应越明显，从而使得非绿色类企业的产出下降幅度越大，基于非绿色企业产出水平而排放的二氧化硫排放量和浓度就相应地下降得越多，表明随着绿色类企业占比的提高，绿色信贷的环境福利效应越明显。同时，由污染排放导致的呼吸系统死亡率、心血管死亡率、呼吸系统住院率、心血管住院率、哮喘就诊率和急性支气管炎就诊率下降的幅度也就越大，即随着绿色类企业占比的提高，绿色信贷的健康福利效应增强。另外，从居民效用福利的视角，价格型绿色信贷的冲击使得总产出增长的幅度增加，在收入效应的作用下，大约在第 18 期之后家庭消费由下降转为上升，消费在效用中的正效用增强，而且随着绿色类企业占比的提高，消费的正效用上升的幅度提高，使得效用福利增长的水平提高。在数量型绿色信贷的冲击下，消费水平随着绿色类企业占比的增加而提高，进而使得效用福利增加的幅度增加，即随着绿色类企业占比的提高，绿色信贷的效用福利增长幅度提高，如图 7 - 5 和图 7 - 6 所示。

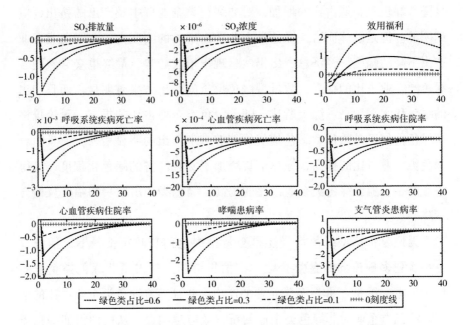

图 7-5　不同绿色类企业占比下价格型绿色信贷的冲击——福利效应

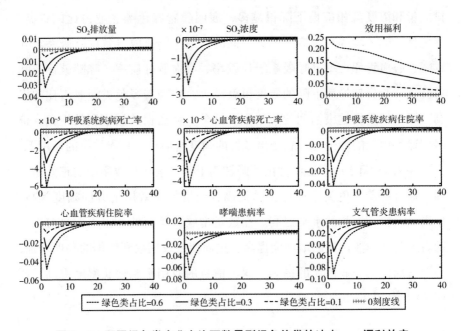

图 7-6　不同绿色类企业占比下数量型绿色信贷的冲击——福利效应

7.3　不同生产技术下绿色信贷的产出和福利效应

企业的技术水平直接关系到企业的产出，进而影响到污染物的排放、居民健康及社会福利，由于企业异质性的存在，绿色类企业和非绿色类企业的技术进步会对宏观经济变量、环境变量及健康变量产生不同的影响。另外，由前面的分析可知，绿色信贷能够产生明显的产出效应，同时，能够降低污染排放，提高公共健康和效用福利水平。那么，在异质性企业不同生产技术水平下，绿色信贷的产出和福利效应又会是怎样的呢？本章将分别分析绿色类企业和非绿色类企业技术进步情景下，绿色信贷的产出效应和福利效应。

7.3.1　绿色类企业全要素生产率冲击

面对绿色企业全要素生产率的正向冲击，总产出、资本、消费、投资等主要宏观经济变量均出现正向调整，表现出顺周期性，如图 7-7 所示。在初始阶段，绿色类企业全要素生产率外生地提高，随着时间的推移，绿色类企业全要素生产率逐步下降，并回归到稳态水平；随着全要素生产率的提高，绿色类企业扩大生产规模，增加投资，绿色类资本和产出水平都有显著增长。但是，绿色类产出的变动路径并不完全与绿色类全要素生产率的变动路径一致，这主要是因为全要素生产率的冲击同时也影响了家庭的消费和储蓄决策。由于资源是有限的，绿色类企业的扩张挤占了非绿色类企业的规模，使得非绿色类企业的资本和产出呈下降趋势。虽然绿色企业和非绿色企业的资本和产出一升一降，但是经济整体受到的是一个正向的全要素生产率冲击，因此，总资本和总产出呈现出增长趋势。这也说明了在绿色类全要素生产率的正向冲击下，绿色类企业资本和产出的增加大于非绿色企业的投资挤出，所以，总投资是在增加的，进而经济的总资本也是增加的，最终使得经济的总产出增加。

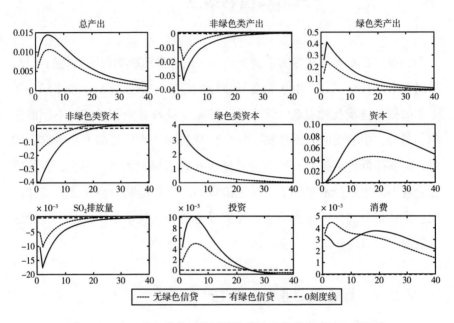

图7-7　有无绿色信贷政策下绿色类企业技术进步冲击的影响

由图7-7可以看出，与无绿色信贷政策情景相比，绿色信贷政策下总产出、投资、资本、绿色类产出、资本增加幅度扩大，同时，非绿色产出和资本的下降幅度也增大。这主要是因为绿色信贷政策降低了绿色类企业的融资成本，提高了生产率对产出的增长作用。在信贷市场上对非绿色类企业产生进一步的挤出效应，绿色类企业技术进步和融资成本下降双重作用导致的投资增加，大于非绿色类企业的投资挤出，最终使得总投资和总资本仍然是增加状态，进一步扩大了经济的总产出，这也意味着绿色信贷政策增强了绿色类企业技术进步的经济扩张效应。此外，从图7-7可知，二氧化硫排放量的变动趋势与非绿色类企业产出的变动趋势基本一致，即绿色类全要素生产率的正向冲击会减少二氧化硫污染排放量，意味着绿色类企业的技术进步具有明显的环境效应，同时，在有绿色信贷政策情景下，二氧化硫的污染排放量进一步减少，即绿色信贷增强了绿色类企业技术进步的环境效应。而且绿色信贷也增强了绿色类企业技术进步的健康和居民效用福利水平，具体的数值模拟结果在此不再重复呈现。

7.3.2　非绿色类企业全要素生产率冲击

同样地，面对非绿色企业全要素生产率的正向冲击，如图 7 - 8 所示，总产出、资本、消费、投资等主要宏观经济变量均出现增长趋势，并且随着时间的推移，逐渐回归到稳态水平。随着全要素生产率的提高，非绿色类企业扩大生产规模，增加投资，非绿色类资本和产出水平都有显著增长。但是，由于资源的有限性，非绿色类企业的扩张挤占了绿色类企业的生产，使得绿色类企业的资本和产出呈下降趋势，虽然非绿色企业和绿色企业的资本和产出一升一降，但是经济整体受到的是一个正向的全要素生产率冲击，因此，总资本和总产出仍然呈现增长趋势。同时，绿色信贷政策的实施使得非绿色企业的外部融资成本降低，投资水平上升，后期随着投资水平的上升，投资增量大于资本的折旧，绿色类资本存量开始由下降回归稳态后转为上升并再次逐渐回归稳态，使得绿色信贷政策情景下，绿色类企业的产出水平呈先下降，后上升的动态趋势，这也就意味着绿色信贷政策的实施降低了非绿色企业对绿色企业的挤出效应。图 7 -8 结果显示，与无绿色信贷政策情景相比，绿色信贷政策下正向的非绿色类企业全要素生产率冲击，使得非绿色企业产出增加得更多，绿色信贷降低了非绿色企业对绿色企业的挤出效应，刺激非绿色企业进一步提高生产率，从而产出规模增长加快，绿色信贷的实施增强了非绿色企业技术进步的产出效应。

此外，从图 7 -8 可以看出，二氧化硫排放量的变动趋势与非绿色类企业产出的变动趋势基本一致，即非绿色类全要素生产率的正向冲击会引起二氧化硫污染排放量的增加，这就意味着非绿色企业减排的价格效应大于收入效应。已有文献表明，作为一种正常商品，随着收入水平的提高，对优良的环境质量的需求就会增加，而随着生产率水平的提高，收入增加，会引起人们对优良环境质量的需求增加，即减少污染排放的需求增加（收入效应）；而由于污染排放与产出呈比例关系，降低污染排放意味着产出要下降，在高的生产率水平下，产出也会更高，此时，减少污染排放的机会成本也会更高，因此，会导致减少污染排放的需求下降（价格效应）。同时，可以看到，绿色信贷的实施使得非绿色类企业的二氧化硫排放量增加，这主要是由于绿色信贷在减少非绿色企业对绿色企业的挤出效应的同时，也刺激了非绿色企业的生产。

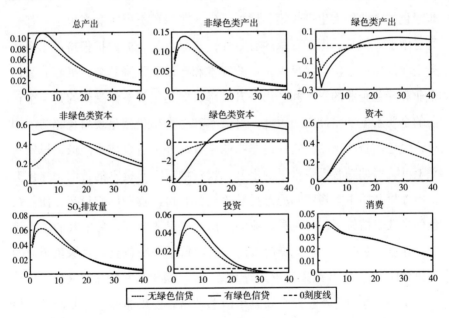

图 7-8　有无绿色信贷政策下非绿色类企业技术进步冲击的影响

综上所述，绿色信贷增强了绿色类企业和非绿色类企业技术进步的产出扩张效应，同时，绿色信贷也增强了绿色类企业技术进步的福利效应。此外，绿色信贷也降低了非绿色企业对绿色类企业的挤出效应。

7.4　本章小结

　　针对宏观经济系统中的不确定性，本章基于第 6 章构建的动态随机一般均衡模型，进一步定量测度了不同环境规制、不同经济结构和不同生产技术水平下绿色信贷产出和福利效应的变动情况。实证结果显示，在不同的环境规制条件下，短期内环境税规制抑制了绿色信贷的经济扩张效应，长期内这种抑制作用逐渐消失，同时，环境税规制增强了绿色信贷的环境、健康和居民效用福利效应，这一结论也验证了 CC-LM-EE 分析框架下对绿色信贷产出和福利效应的理论分析。在不同经济结构下，绿色类企业占比越高，绿色信贷的产出效果越明显，而且产出的绿色化水平越高。随着绿色类企业占比的提高，绿色信贷带来的环境效应、健康效应和居民效用福利效应也逐步增大。此外，绿色信贷增强了绿色类企业和非绿色类企业技术进步的产出扩张效应，降低了非绿色类企业对绿色企业的挤出效应，扩大了绿色企业对非绿色企业的挤出效应，同时，绿色信贷也增强了绿色类企业技术进步的环境效应。总之，经济环境的不确定会引起绿色信贷产出和福利效应的变动。

第8章　研究结论与政策启示

现阶段，我国工业化、城市化、市场化和国际化进程交织并进，经济社会处于发展的关键时期，但是我国的环境问题日益凸显，我们不仅要面对现存的环境问题，还要面对经济社会快速发展所带来的新的环境压力和挑战。环境的恶化不仅直接影响经济的可持续发展和人们生活的质量，甚至威胁人类的生存，发展绿色经济，走可持续发展道路成为我国的必然选择。金融作为现代经济的核心，对推动环境保护，转变经济发展方式发挥着重要作用，同时，银行信贷融资在融资市场中的主体地位决定了绿色信贷政策在我国绿色发展进程中的重要性。1995年开始，我国就将环境保护因素引入信贷管理，特别是自2007年绿色信贷项目正式启动以来，我国绿色信贷相关的政策文件频发，旨在通过对信贷价格和数量的调控来实现信贷资金的绿色配置，并引导其他生产资料流向环境友好型和资源节约型行业，抑制污染企业的污染排放行为。经过多年的推广和发展，我国绿色信贷的规模稳步增长，环境效益也日渐显现，但是，绿色信贷是否产生了显著的社会福利效应？在实现环境福利的同时是否影响了经济产出？不同类型绿色信贷的产出和福利效应是否存在差异？不同环境规制、经济结构和生产技术水平背景下绿色信贷的产出和福利效应又会发生怎样的变化？这些问题是理论界和实践中都十分关注的问题。然而，目前对于我国绿色信贷的相关研究大多数从商业银行经营管理和企业融资成本出发，而缺乏对我国绿色信贷产出和福利效应的系统的理论和实证分析，因此，本书在理论分析的基础上，构建绿色信贷产出和福利效应的动态随机一般均衡模型，探讨绿色信贷对中国宏观经济、环境、居民健康及居民效用福利的影响及动态作用机理。

具体来说，第一，本书从国际上追溯了绿色信贷的起源、发展和代表性国家的实践，系统梳理了我国绿色信贷政策的变迁和发展；第二，构建了关于信贷、产出和环境的 CC – LM – EE 分析框架，并在该框架下对激励性和惩罚性绿色信贷的产出和福利效应展开相关的理论分析，验证绿色信贷是否能够对产出和福利产生影响；第三，构建具有微观基础的动态随机一般均衡模型（DSGE），从动态的视角对绿色信贷的作用机制展开讨论，并基于构建的 DSGE 模型以激励性绿色信贷为例，定量测度价格型和数量型绿色信贷的产出和福利效应；第四，考虑到经济环境的不确定性，进一步实证分析了不同环境规制、经济结构和生产技术水平下绿色信贷产出和福利效应的变化情况；第五，通过对全书综合解析，总结出系统研究的主要结论，并据此提出相应的政策建议。

8.1　主要研究结论

综合全书的研究，得到的主要研究结论如下。

第一，激励性绿色信贷能够促进经济增长，同时使得可持续净收益增大；而惩罚性绿色信贷使得产出水平下降，对可持续净收益产生的影响不确定。

本书根据绿色信贷作用的方向，将其划分为激励性绿色信贷和惩罚性绿色信贷。基于 CC-LM-EE 分析框架的分析结果显示，在激励性绿色信贷下，信贷供给量增加，同时环境均衡曲线移动，经济系统和环境系统同时均衡时与初始状态相比经济产出水平会增加，可持续净收益水平也会增大；而在惩罚性绿色信贷下，信贷供给量减少，环境均衡曲线发生移动，经济环境系统均衡状态下经济产出水平与经济初始运行状态相比会减少，而惩罚性绿色信贷对可持续净收益的影响主要取决于环境均衡曲线 EE 的变动情况。

第二，价格型和数量型两类激励性的绿色信贷均具有明显的产出效应、环境、健康和效用福利效应，能够实现产出和环境的共赢，但是两者的传导机制及对效用福利的影响存在一定的差异。

本书根据绿色信贷政策手段的不同，将其划分为价格型绿色信贷和数量型绿色信贷。基于 DSGE 的实证分析结果显示，在激励性绿色信贷中，面对价格型和数量型绿色信贷的冲击时，经济总产出都呈现出上升趋势，但是，两类绿色信贷下对总产出的传导机制存在一定的差异。在价格型绿色信贷冲击下，绿色类企业的融资成本降低，社会总体的融资成本也会出现一定程度的下降，对整体经济产生融资激励和投资扩张效应，进而使得总产出增长；在数量型绿色信贷的冲击下，中长期贷款的绿色信贷倾斜带来更大的产出效应，这主要是因为期限的延长扩大了企业信贷资金的投入比例，同时，中长期贷款的技术进步效应进一步提高了投资效率，因此，中长期贷款下绿色信贷的产出效应更强。

此外，两类绿色信贷冲击下，以二氧化硫为例的污染物排放量在短期内出现了明显下降趋势，显示两类绿色信贷政策具有显著的环境效应，同时，两类绿色信贷均使得呼吸系统死亡率、心血管死亡率、呼吸系统住院率、心血管住院率、哮喘就诊率和急性支气管炎就诊率呈不同程度的下降，具有明显的健康效应，但是，价格型绿色信贷在短期内会使得居民效用福利下降，长期内促进居民福利的提升，数量型绿色信贷在短期和长期均有助于居民效用福利的提高。

第三，价格型和数量型两类激励性的绿色信贷均有助于产业结构的绿色升级。

本书在 DSGE 模型基础上进行的数值模拟结果显示，价格型和数量型绿色信贷冲击下，在信贷市场上绿色类企业信贷价格或者数量的变化对非绿色类企业的信贷需求产生挤出效应，使得非绿色类企业的产出水平下降，而绿色类企业的产出水平上升，经济的总产出中绿色类产出所占比例会进一步提高，进而有利于提高我国经济的绿色化程度，有助于产业结构的优化升级。

此外，本书对于在不同环境规制、经济结构和生产技术水平下绿色信贷的产出和福利效应的变化情况进行了进一步研究探讨，并得到如下结论。

第一，在短期内环境税规制抑制了绿色信贷的经济扩张效应，长期内这种抑制作用逐渐消失，同时环境税规制增强了绿色信贷的环境、健康和居民效用福利效应。

第二，绿色类企业占比越高，绿色信贷的产出效果越明显，而且产出的绿色化水平越高，随着绿色类企业占比的提高，绿色信贷带来的环境效应、健康效应和居民效用福利效应也逐步增大。

第三，绿色信贷增强了绿色类企业和非绿色类企业技术进步的产出扩张效应，降低了非绿色类企业对绿色企业的挤出效应，扩大了绿色企业对非绿色企业的挤出效应。此外，绿色信贷也增强了绿色类企业技术进步的环境效应。

8.2　主要政策启示

面对日益凸显的经济和环境之间的矛盾，我国政府已经将绿色经济提升为一项国家战略，作为经济绿色转型的重要驱动力，绿色信贷任重道远，本书根据我国绿色信贷的现状并结合主要结论，得到以下四点主要政策启示。

（1）在绿色信贷政策的制定过程中要将惩罚性绿色信贷和激励性绿色信贷相结合。

我国的绿色信贷旨在通过对信贷价格和数量的调整引导资金和其他生产资料流向资源节约型和环境友好型企业，抑制污染企业的污染排放行为。那么，对污染企业的信贷约束会对其产生融资惩罚和投资抑制效应，由本书基于 CC-LM-EE 分析框架下对绿色信贷产出和福利效应的理论分析结果可知,最终会导致产出水平的下降,产出水平的下降会进一步增加就业、通胀、经济波动等风险,对可持续净收益产生不确定的影响。而根据本书的理论和实证分析结果,激励性绿色信贷能够实现产出和福利的共赢,因此,在绿色信贷的具体制定实施过程中,要将惩罚性绿色信贷和激励性绿色信贷进行结合使用,以期能够最大程度减少经济的损失,增加社会福利水平。

(2)进一步完善激励性绿色信贷政策,继续充分发挥绿色信贷在发展绿色经济、优化产业结构、推动供给侧改革中的重要作用。

我国举世瞩目的经济发展成就背后积累了一系列深层次的矛盾,其中,一个突出的矛盾就是经济发展与生态平衡的矛盾,环境问题已严重制约我国经济社会快速发展。如何平衡环境保护与经济发展的矛盾亟待解决,党的十八届五中全会提出了"创新、协调、绿色、开放、共享"的五大发展理念,习近平总书记在党的十九大报告中指出,坚持人与自然和谐共生。必须树立和践行绿色青山就是金山银山的理念,坚持节约资源和保护环境的基本国策。在我国以银行信贷为主要形式的间接融资占绝对主体,银行信贷投向在很大程度上决定了生产要素的流向和配置,这也就意味着绿色信贷在实现"绿水青山就是金山银山"的过程中肩负重要责任。

本书的理论分析和实证结果均显示激励性绿色信贷能够实现经济和环境的双赢,同时有利于促进经济结构调整,因此,需要进一步完善现有的绿色信贷政策,如进一步完善绿色信贷的相关法律法规制度、完善环保信息沟通与共享机制、加大环保考核力度,规范地方政府行为、建立和完善绿色信贷激励约束机制等。以绿色信贷为抓手,促进经济发展方式转变和产业结构调整,早日让"绿水青山就是金山银山"从理念成为现实。

(3)激励性绿色信贷政策在执行过程中要注意不同政策手段对宏观经济各变量带来的不同影响。

根据我国绿色信贷实践过程,绿色信贷包括对污染类企业实施信贷约束的惩罚性绿色信贷，以及对绿色类企业实施信贷支持的激励性绿色信贷；根据采用信贷支持或信贷约束的具体政策手段又可以将其分为采用利率手段的价格型绿色信贷、调控信贷数量的数量型绿色信贷。绿色信贷政策体系包含多重维度，本书的研究结果显示，激励性绿色信贷的价格和数量手段对劳动供给、居民消费、通货膨胀、居民效用福利等的影响存在一定的差异，因此，在政策执行过程中要根据宏观经济所处的阶段、外部环境以及政策目标选择合适的政策类型和政策手段，提高绿色信贷执行的精准性。

（4）在绿色信贷政策推行的过程中要重视配套政策环境，充分考虑到中国现有的环境政策、产业政策、经济政策等。

经济系统各部门之间存在普遍密切的联系，不同部门、不同目标的政策的执行会影响到宏观经济各部门的运行。本书的研究结果显示，在不同的环境规制、不同的经济结构、不同的生产技术水平下绿色信贷的产出和福利效应会发生一定的变化，这就意味着绿色信贷的推行要与宏观经济的政策背景相结合，注重绿色信贷与其他环境规制政策、产业政策等的配合，打好政策组合拳，从而提高绿色信贷的执行效率和效果。

参考文献

［1］白钦先，谭庆华．论金融功能演进与金融发展［J］．金融研究，2006（7）：41－52.

［2］蔡春光，郑晓瑛．北京市空气污染健康损失的支付意愿研究［J］．经济科学，2007（1）：107－115.

［3］蔡海静．我国绿色信贷政策实施现状及其效果检验——基于造纸、采掘与电力行业的经验证据［J］．财经论丛，2013（1）：69－75.

［4］曾贤刚，蒋妍．空气污染健康损失中统计生命价值评估研究［J］．中国环境科学，2010，30（2）：284－288.

［5］查建平．环境规制与工业经济增长模式——基于经济增长分解视角的实证研究［J］．产业经济研究，2015（3）：92－101.

［6］陈汉鹏，戴金平．Shibor作为中国基准利率的可行性研究［J］．管理世界，2014（10）：37－46.

［7］陈好孟．基于环境保护的我国绿色信贷制度研究［D］．青岛：中国海洋大学，2010.

［8］陈昆亭，龚六堂．粘滞价格模型以及对中国经济的数值模拟——对基本RBC模型的改进［J］．数量经济技术经济研究，2006（8）：106－117.

［9］陈仁杰，陈秉衡，阚海东．我国113个城市大气颗粒物污染的健康经济学评价［J］．中国环境科学，2010，30（3）：410－415.

［10］陈诗一．边际减排成本与中国环境税改革［J］．中国社会科

学, 2011 (3): 85 - 100.

[11] 陈素梅. 中国燃油税 "双重红利" 研究 [D]. 北京: 中国农业大学, 2016.

[12] 程婵娟, 潘璇. 论金融支持与产业结构调整——以陕西为例 [J]. 西安石油大学学报 (社会科学版), 2012, 21 (4): 16 - 22.

[13] 褚保金, 卢亚娟, 张龙耀. 信贷配给下农户借贷的福利效果分析 [J]. 中国农村经济, 2009 (6): 51 - 61.

[14] 戴国强, 钱乐乐. 关系型借贷、债券融资与企业贷款成本——基于信息与竞争机制视角的研究 [J]. 审计与经济研究, 2017, 32 (5): 62 - 73.

[15] 党春芳. 关于我国商业银行推行绿色信贷的思考 [J]. 现代经济探讨, 2009 (2): 51 - 53.

[16] 杜清源, 龚六堂. 带 "金融加速器" 的 RBC 模型 [J]. 金融研究, 2005 (4): 16 - 30.

[17] 范从来, 盛天翔, 王宇伟. 信贷量经济效应的期限结构研究 [J]. 经济研究, 2012 (1): 80 - 91.

[18] 傅进, 吴小平. 金融影响产业结构调整的机理分析 [J]. 金融纵横, 2005 (2): 30 - 34.

[19] 高铁梅, 王金明. 我国货币政策传导机制的动态分析 [J]. 金融研究, 2001 (3): 50 - 58.

[20] 顾铭德, 汪其昌, 王晟. 我国货币政策传导机制的变迁、效应及疏导建议 [J]. 财经研究, 2002, 28 (11): 3 - 10.

[21] 郭斌. 企业债务融资方式选择理论综述及其启示 [J]. 金融研究, 2005 (3): 145 - 157.

[22] 郝云宏, 唐茂林, 王淑贤. 企业社会责任的制度理性及行为逻辑: 合法性视角 [J]. 商业经济与管理, 2012 (7): 74 - 81.

[23] 何德旭, 张雪兰. 对我国商业银行推行绿色信贷若干问题的思考 [J]. 上海金融, 2007 (12): 4 - 9.

[24] 何青, 钱宗鑫, 郭俊杰. 房地产驱动了中国经济周期吗? [J]. 经济研究, 2015 (12): 41 - 53.

[25] 胡珀, 强晓捷. 基于赤道原则对我国金融机构环境与社会责任的反思 [J]. 江西财经大学学报, 2016 (5): 33 - 42.

[26] 胡荣才, 张文琼. 开展绿色信贷会影响商业银行盈利水平吗? [J]. 金融监管研究, 2016 (7): 92 - 110.

[27] 黄清煌, 高明. 中国环境规制工具的节能减排效果研究 [J]. 科研管理, 2016, 37 (6): 19 - 27.

[28] 黄庆华, 胡江峰, 陈习定. 环境规制与绿色全要素生产率: 两难还是双赢? [J]. 中国人口·资源与环境, 2018 (11): 140 - 149.

[29] 康立, 龚六堂. 金融摩擦、银行净资产与国际经济危机传导——基于多部门 DSGE 模型分析 [J]. 经济研究, 2014 (5): 147 - 159.

[30] 李斌, 彭星. 环境规制工具的空间异质效应研究——基于政府职能转变视角的空间计量分析 [J]. 产业经济研究, 2013 (6): 38 - 47.

[31] 李炳, 袁威. 货币信贷结构对宏观经济的机理性影响——兼对"中国货币迷失之谜"的再解释 [J]. 金融研究, 2015 (11): 33 - 46.

[32] 李成友, 孙涛, 李庆海. 需求和供给型信贷配给交互作用下农户福利水平研究——基于广义倾向得分匹配法的分析 [J]. 农业技术经济, 2019 (1): 111 - 120.

[33] 李程, 白唯, 王野, 等. 绿色信贷政策如何被商业银行有效执行? ——基于演化博弈论和 DID 模型的研究 [J]. 南方金融, 2016 (1): 47 - 54.

[34] 李利霞, 黎赔肆, 李钢. 我国上市银行绿色信贷披露状况对财务绩效的影响 [J]. 南华大学学报 (社会科学版), 2013 (4): 50 - 53.

[35] 李玲, 陶锋. 中国制造业最优环境规制强度的选择——基于绿色全要素生产率的视角 [J]. 中国工业经济, 2012 (5): 70 - 82.

[36] 李庆海, 吕小锋, 李锐. 农户信贷约束及其福利水平的分位数影响 [J]. 华南农业大学学报 (社会科学版), 2016, 15 (2): 52 - 61.

[37] 连莉莉. 绿色信贷影响企业债务融资成本吗？——基于绿色企业与"两高"企业的对比研究 [J]. 金融经济学研究, 2015 (5): 83 - 93.

[38] 林可全, 吕坚明. 商业银行绿色信贷的国际比较研究及对我国的启示 [J]. 探求, 2010 (4): 49 - 55, 60.

[39] 刘娥平, 徐海. 债务融资硬约束与过度投资治理 [J]. 中山大学学报（社会科学版）, 2013, 53 (6): 192 - 203.

[40] 刘婧宇, 夏炎, 林师模, 等. 基于金融 CGE 模型的中国绿色信贷政策短中长期影响分析 [J]. 中国管理科学, 2015, 23 (4): 46 - 52.

[41] 刘浏. 中国银行信贷与经济增长关系的 VAR 效应分析 [D]. 厦门: 厦门大学, 2006.

[42] 刘晓辉, 范从来. 汇率制度选择标准: 从社会福利到微观福利 [J]. 财贸经济, 2008 (4): 18 - 22.

[43] 刘晓辉, 范从来. 汇率制度选择及其标准的演变 [J]. 世界经济, 2007 (3): 86 - 96.

[44] 龙卫洋, 季才留. 基于国际经验的商业银行绿色信贷研究及对中国的启示 [J]. 经济体制改革, 2013 (3): 155 - 158.

[45] 马家进. 金融摩擦、企业异质性和中国经济波动 [D]. 杭州: 浙江大学, 2018.

[46] 马文涛, 魏福成. 基于新凯恩斯动态随机一般均衡模型的季度产出缺口测度 [J]. 管理世界, 2011 (5): 39 - 65.

[47] 马晓明, 应鸣岐, 王靖添. 绿色信贷在交通节能减排方面应用现状和建议 [J]. 现代管理科学, 2016 (9): 6 - 8.

[48] 潘敏, 缪海斌. 银行信贷与宏观经济波动: 2003 - 2009 [J]. 财贸研究, 2010, 21 (4): 83 - 89.

[49] 彭希哲, 田文华. 上海市空气污染疾病经济损失的意愿支付研究 [J]. 世界经济文汇, 2003 (2): 32 - 44.

[50] 齐安甜, 曹爱红. 环境金融 [M]. 北京: 中国经济出版社, 2012.

［51］钱水土，王文中，方海光. 绿色信贷对我国产业结构优化效应的实证分析［J］. 金融理论与实践，2019（1）：1 – 8.

［52］曲晓燕，张实桐，伍艳艳. 价格指数使用过程中应注意的几点问题［J］. 价格理论与实践，2010（9）：46 – 47.

［53］宋鑫. 我国绿色信贷传导路径的一般均衡实证研究［J］. 金融监管研究，2016（5）：87 – 97.

［54］孙立坚，牛晓梦，李安心. 金融脆弱性对实体经济影响的实证研究［J］. 财经研究，2004，30（1）：61 – 69.

［55］汤铃，武佳倩，戴伟，等. 碳交易机制对中国经济与环境的影响［J］. 系统工程学报，2014，29（5）：701 – 712.

［56］唐戈，孙涤，杨勤宇. 贷款与债券：融资成本比较与选择［J］. 金融市场研究，2017（11）：92 – 100.

［57］田树喜，白钦先，林艳丽. 我国金融倾斜波动效应的实证分析［J］. 财经理论与实践，2009，30（1）：12 – 16.

［58］王班班，齐绍洲. 市场型和命令型政策工具的节能减排技术创新效应——基于中国工业行业专利数据的实证［J］. 中国工业经济，2016（6）：91 – 108.

［59］王彬. 财政政策、货币政策调控与宏观经济稳定——基于新凯恩斯主义垄断竞争模型的分析［J］. 数量经济技术经济研究，2010（11）：3 – 18.

［60］王冰，贺璇. 中国城市大气污染治理概论［J］. 城市问题，2014（12）：2 – 8.

［61］王红梅. 中国环境规制政策工具的比较与选择——基于贝叶斯模型平均（BMA）方法的实证研究［J］. 中国人口·资源与环境，2016，26（9）：132 – 138.

［62］王曼怡，刘同山. 我国房地产业金融加速器效应研究——基于面板数据的实证分析［J］. 经济与管理研究，2010（9）：88 – 92.

［63］王文甫. 价格粘性、流动性约束与中国财政政策的宏观效应——

动态新凯恩斯主义视角［J］. 管理世界, 2010 (9): 11 - 25, 187.

[64] 卫兴华, 侯为民. 中国经济增长方式的选择与转换途径［J］. 经济研究, 2007 (7): 15 - 22.

[65] 吴丹, 辛金元, 孙扬, 等. 2008 年奥运期间华北区域大气污染物本底浓度变化与分析［J］. 环境科学, 2010, 31 (5): 1130 - 1138.

[66] 伍海华, 张旭. 经济增长·产业结构·金融发展［J］. 经济理论与经济管理, 2001 (5): 11 - 16.

[67] 西蒙·库兹涅茨. 各国经济的增长［M］. 常勋, 等译. 北京: 商务印书馆, 1985.

[68] 夏德仁, 张洪武, 程智军. 货币政策传导的"信贷渠道"述评［J］. 金融研究, 2003 (5): 36 - 42.

[69] 夏少敏. 论绿色信贷政策的法律化［J］. 法学杂志, 2008 (4): 55 - 58.

[70] 肖争艳, 郭豫媚, 郭俊杰. 中国信贷歧视的福利成本［J］. 经济理论与经济管理, 2015 (10): 46 - 55.

[71] 徐良平, 黄俊青, 覃展辉. 金融与经济关系研究的功能范式: 一个初步分析框架［J］. 经济评论, 2004 (1): 63 - 67.

[72] 徐双明, 钟茂初. 环境政策与经济绩效——基于污染的健康效应视角［J］. 中国人口·资源与环境, 2018 (11): 130 - 139.

[73] 许伟, 陈斌开. 银行信贷与中国经济波动: 1993 - 2005［J］. 经济学 (季刊), 2009, 8 (3): 969 - 994.

[74] 杨升. 我国道路交通环境税政策对居民健康影响研究［D］. 北京: 中国农业大学, 2016.

[75] 姚伟. 商业银行服务实体经济发展——实践、证据与对策［J］. 上海金融, 2019 (2): 80 - 84.

[76] 叶宁华, 包群. 信贷配给、所有制差异与企业存活期限［J］. 金融研究, 2013 (12): 140 - 153.

[77] 殷剑峰. 金融结构与经济增长［M］. 北京: 人民出版社, 2006.

［78］原毅军，贾媛媛．技术进步、产业结构变动与污染减排——基于环境投入产出模型的研究［J］．工业技术经济，2014（2）：41 - 49.

［79］张金城．货币政策调控、流动性管理与宏观经济稳定［J］．国际金融研究，2014（3）：7 - 20.

［80］赵振全，于震，刘淼．金融加速器效应在中国存在吗？［J］．经济研究，2007（6）：27 - 38.

［81］郑志浩，高颖，赵殷钰．收入增长对城镇居民食物消费模式的影响［J］．经济学（季刊），2016，15（1）：263 - 288.

［82］周英章，蒋振声．货币渠道、信用渠道与货币政策有效性——中国 1993 - 2001 年的实证分析和政策含义［J］．金融研究，2002（9）：34 - 43.

［83］邹庆华．信贷增长与经济增长的实证分析——以湖南为例［J］．区域金融研究，2010（8）：62 - 65.

［84］Aepli M. Consumer Demand for Alcoholic Beverages in Switzerland: A Two-stage Quadratic Almost Ideal Demand System for Low, Moderate, and Heavy Drinking Households［J］. Agricultural and Food Economics, 2014, 2（1）: 15.

［85］Aizawa M, Yang C. Green Credit, Green Stimulus, Green Revolution? China's Mobilization of Banks for Environmental Cleanup［J］. The Journal of Environment & Development, 2010, 19（2）: 119 - 144.

［86］Allen F, Gale D. Diversity of Opinion and Financing of New Technologies［J］. Journal of Financial Intermediation, 1999, 8（1 - 2）: 68 - 89.

［87］Amalric F. The Equator Principles: A Step Towards Sustainability［J］. Center for Corporate Responsibility and Sustainability, 2005（2）: 1 - 23.

［88］Bagehot W. Lombard Street: A Description of the Money Market［M］. London: HS King, 1873.

［89］Banks J, Blundell R, Lewbel A. Quadratic Engel Curves and Consumer Demand［J］. Review of Economics and Statistics, 1997, 79（4）:

527 –539.

[90] Barigozzi F, Tedeschi P. Credit Markets with Ethical Banks and Motivated Borrowers [J]. Review of Finance, 2015, 19 (3): 1281 –1313.

[91] Barten A P. Consumer Demand Functions under Conditions of Almost Additive Preferences [J]. Econometrica, 1964 (32): 1 –38.

[92] Barten A P. Maximum Likelihood Estimation of a Complete System of Demand [J]. European Economic Review, 1969, 1 (1): 7 –73.

[93] Becker R A. Intergenerational Equity: The Capital-environment Trade-off [J]. Journal of Environmental Economics and Management, 1982, 9 (2): 165 –185.

[94] Bernanke B, Gertler M, Gilchrist S. The Financial Accelerator and the Flight to Quality [J]. The Review of Economics and Statistics, 1996, 78 (1): 1.

[95] Bernanke B S, Blinder A S. Credit, Money, and Aggregate Demand [J]. American Economic Review, 1988, 78 (2): 435 –439.

[96] Blanchard O. Do DSGE Models Have a Future? [J]. Revista de Economía Institucional, 2016, 18 (35): 39 –46.

[97] Bose N. Inflation, the Credit Market, and Economic Growth [J]. Oxford Economic Papers, 2002, 54 (3): 412 –434.

[98] Boulanger G, Bayeux T, Mandin C, et al. Socio-economic Costs of Indoor Air Pollution: A Tentative Estimation for Some Pollutants of Health Interest in France [J]. Environment International, 2017, 104: 14 –24.

[99] Calvo G A. Staggered Prices in a Utility-maximizing Framework [J]. Journal of Monetary Economics, 1983, 12 (3): 383 –398.

[100] Chávez C A, Villena M G, Stranlund J K. The Choice of Policy Instruments to Control Pollution under Costly Enforcement and Incomplete Information [J]. Journal of Applied Economics, 2009, 12 (2): 207 –227.

[101] Chen S M, He L Y. Welfare Loss of China's Air Pollution: How to

Make Personal Vehicle Transportation Policy [J]. China Economic Review, 2014, 31: 106 – 118.

[102] Chen Y, Ebenstein A, Greenstone M, et al. Evidence on the Impact of Sustained Exposure to Air Pollution on Life Expectancy from China's Huai River policy [J]. Pnas, 2013, 110 (32): 12936 – 12941.

[103] Chen Y, Shen H, Smith K R, et al. Estimating Household Air Pollution Exposures and Health Impacts from Space Heating in Rural China [J]. Environment International, 2018, 119: 117 – 124.

[104] Chen Z, Salam M T, Eckel S P, et al. Chronic Effects of Air Pollution on Respiratory Health in Southern California Children: Findings from the Southern California Children's Health Study [J]. Journal of Thoracic Disease, 2015, 7 (1): 46.

[105] Christiano L J, Eichenbaum M S, Trabandt M. On DSGE Models [J]. Journal of Economic Perspectives, 2018, 32 (3): 113 – 140.

[106] Crane D B, Froot K A, Mason S P, et al. The Global Financial System: A Functional Perspective [M]. Boston: Harvard Business School Press, 1995.

[107] D'Arge R C, Kogiku K C. Economic Growth and the Environment [J]. Review of Economic Studies, 1973, 40 (1): 61 – 77.

[108] De Nevers N. Air Pollution Control Engineering [M]. Long Grove: Waveland Press, 2010.

[109] Deaton A, Muellbauer J. Economics and Consumer Behavior [M]. Cambridge: Cambridge University Press, 1980.

[110] Decker C S, Wohar M E. Substitutability or Complementarity? Revisiting Heyes' IS-LM-EE Model [J]. Ecological Economics, 2012, 74: 3 – 7.

[111] Del Negro M, Schorfheide F. Forming Priors for DSGE Models (and how it affects the assessment of nominal rigidities) [J]. Journal of Mo-

netary Economics, 2008, 55 (7): 1191 –1208.

[112] Diamond D W. Monitoring and Reputation: The Choice between Bank Loans and Directly Placed Debt [J]. Journal of Political Economy, 1991, 99 (4): 689 –721.

[113] Dixit A K, Stiglitz J E. Monopolistic Competition and Optimum Product Diversity [J]. The American Economic Review, 1977, 67 (3): 297 –308.

[114] Eisenbach S, Schiereck D, Trillig J, et al. Sustainable Project Finance, the Adoption of the Equator Principles and Shareholder Value Effects [J]. Business Strategy and the Environment, 2014, 23 (6): 375 –394.

[115] Forster B A. Optimal Capital Accumulation in a Polluted Environment [J]. Southern Economic Journal, 1973, 39 (4): 544 –547.

[116] Gambacorta L, Signoretti F M. Should Monetary Policy Lean Against the Wind? An Analysis based on a DSGE Model with Banking [J]. Journal of Economic Dynamics and Control, 2014, 43: 146 –174.

[117] Gascon M, Morales E, Sunyer J, et al. Effects of Persistent Organic Pollutants on the Developing Respiratory and Immune Systems: A Systematic Review [J]. Environment International, 2013, 52: 51 –65.

[118] Gatti D D, Gallegati M, Greenwald B, et al. The Financial Accelerator in an Evolving Credit Network [J]. Journal of Economic Dynamics and Control, 2010, 34 (9): 1627 –1650.

[119] Gertler M, Gilchrist S, Natalucci F M. External Constraints on Monetary Policy and the Financial Accelerator [J]. Journal of Money, Credit and Banking, 2007, 39 (2 –3): 295 –330.

[120] Ghosh S, Gopalakrishnan P, Satija S. Recapitalization in an Economy with State-Owned Banks-A DSGE Framework [J]. Theoretical Economics Letters, 2019, 10 (1): 232 –249.

[121] Grimaud A, Rougé L. Polluting Non – renewable Resources, Inno-

vation and Growth: Welfare and Environmental Policy [J]. Resource & Energy Economics, 2005, 27 (2): 109 – 129.

[122] Guo H, Huang S, Chen M. Air Pollutants and Asthma Patient Visits: Indication of Source Influence [J]. Science of the Total Environment, 2018, 625: 355 – 362.

[123] Guo L J, Ang Z, Chen R J, et al. Association between Ambient Air Pollution and Outpatient Visits for Acute Bronchitis in a Chinese City [J]. Biomedical and Environmental Sciences, 2014, 27 (11): 833 – 840.

[124] Guo X R, Cheng S Y, Chen D S, et al. Estimation of Economic Costs of Particulate Air Pollution from Road Transport in China [J]. Atmospheric Environment, 2010, 44 (28): 3369 – 3377.

[125] Gürkaynak R S, Tille C. DSGE Models in the Conduct of Policy: Use as Intended [M]. London: CEPR Press, 2017.

[126] He L Y, Liu L. Stand by or Follow? Responsibility Diffusion Effects and Green Credit [J]. Emerging Markets Finance and Trade, 2018, 54 (8): 1740 – 1761.

[127] He L, Zhang L, Zhong Z, et al. Green Credit, Renewable Energy Investment and Green Economy Development: Empirical Analysis based on 150 Listed Companies of China [J]. Journal of Cleaner Production, 2019, 208: 363 – 372.

[128] He P, Zhang B. Environmental Tax, Polluting Plants' Strategies and Effectiveness: Evidence from China [J]. Journal of Policy Analysis and Management, 2018, 37 (3): 493 – 520.

[129] Herbst E P, Schorfheide F. Bayesian Estimation of DSGE Models [M]. Princeton: Princeton University Press, 2015.

[130] Heutel G. How Should Environmental Policy Respond to Business Cycles? Optimal Policy under Persistent Productivity Shocks [J]. Review of Economic Dynamics, 2012, 15 (2): 244 – 264.

［131］Heyes A. A Proposal for the Greening of Textbook Macro: IS-LM-EE［J］. Royal Holloway University of London Discussion Papers in Economics, 2000, 32（1）: 1 – 7.

［132］Hu Y, Jiang H, Zhong Z. Impact of Green Credit on Industrial Structure in China: Theoretical Mechanism and Empirical Analysis［J］. Environmental Science and Pollution Research, 2020, 27（2）: 10506 – 10519.

［133］Hughes J P, Lang W, Mester L J, et al. Recovering Risky Technologies Using the Almost Ideal Demand System: An Application to US Banking［J］. Journal of Financial Services Research, 2000, 18（1）: 5 – 27.

［134］Iacoviello M, Minetti R. The Credit Channel of Monetary Policy: Evidence from the Housing Market［J］. Journal of Macroeconomics, 2008, 30（1）: 69 – 96.

［135］Jonathan C, Mei D, Enchuan S. On the Welfare Effects of Credit Arrangements［J］. International Economic Review, 2018, 59（3）: 1621 – 1651.

［136］Kashyap A K, Stein J C. Monetary Policy and Bank Lending［M］. Chicago: The University of Chicago Press, 1994.

［137］Künzli N, Ackermann-Liebrich U, Brändli O, et al. Clinically "small" Effects of Air Pollution on FVC Have a Large Public Health Impact［J］. Eur Respir J, 2000, 15（1）: 131 – 136.

［138］Kydland F E, Prescott E C. Time to Build and Aggregate Fluctuations［J］. Econometrica: Journal of the Econometric Society, 1982, 6（50）: 1345 – 1370.

［139］Langpap C, Shimshack J P. Private Citizen Suits and Public Enforcement: Substitutes or Complements?［J］. Journal of Environmental Economics & Management, 2010, 59（3）: 235 – 249.

［140］Lanphear B P, Dietrich K, Auinger P, et al. Cognitive Deficits Associated with Blood Lead Concentrations < 10 microg/dL in US Children and Adolescents［J］. Public Health Reports, 2000, 115（6）: 521.

[141] Lawn P A. On Heyes' IS-LM-EE Proposal to Establish an Environmental Macroeconomics [J]. Environment and Development Economics, 2003, 8 (1): 31 - 56.

[142] Lawrence R F, Thomas W L. The Equator Principles and Project Finance: Sustainability in Practice [J]. Natural Resources & Environment, 2004 (19): 21 - 27.

[143] Lester R, Pries M, Sims E. Volatility and Welfare [J]. Journal of Economic Dynamics and Control, 2014, 38: 17 - 36.

[144] Levine R. Financial Development and Economic Growth: Views and Agenda [J]. Social Science Electronic Publishing, 1997, 35 (2): 688 - 726.

[145] Liu J, Han Y, Tang X, et al. Estimating Adult Mortality Attributable to $PM_{2.5}$ Exposure in China with Assimilated $PM_{2.5}$ Concentrations based on a Ground Monitoring Network [J]. Science of the Total Environment, 2016, 568 (15): 1253 - 1262.

[146] Loughran T, Ritter J R. The New Issues Puzzle [J]. Journal of Finance, 1995, 50 (1): 23 - 51.

[147] Luebke R W, Parks C, Luster M I. Suppression of Immune Function and Susceptibility to Infections in Humans: Association of Immune Function with Clinical Disease [J]. Journal of Immunotoxicology, 2004, 1 (1): 15 - 24.

[148] Markidou A, Nikolaidou E. The Reaction of Bank Lending to Macroeconomic Fluctuations of Monetary Policy Transmission in Greece [J]. European Journal of Economics, Finance and Administrative Sciences, 2008 (10): 78 - 115.

[149] Mathieu-Bolh N, Pautrel X. Reassessing the Effects of Environmental Taxation when Pollution Affects Health over the Life - cycle [J]. Economic Modelling, 2016, 52: 310 - 321.

[150] Merton R C, Bodie Z. The Global Financial System: A Functional

Perspective [M]. Boston: Harvard Business School Press, 1995.

[151] Merton R C. A Functional Perspective of Financial Intermediation [J]. Financial Management, 1995, 2 (24): 23 – 41.

[152] Miller M D, Marty M A. Impact of Environmental Chemicals on Lung Development [J]. Environmental Health Perspectives, 2010, 118 (8): 1155 – 1164.

[153] Minetti R, Peng T. Credit Policies, Macroeconomic Stability and Welfare: The Case of China [J]. Journal of Comparative Economics, 2018, 46 (1): 35 – 52.

[154] Mody A, Sarno L, Taylor M P. A Cross-country Financial Accelerator: Evidence from North America and Europe [J]. Journal of International Money and Finance, 2007, 26 (1): 149 – 165.

[155] Morris C S, Sellon G H. Bank Lending and Monetary Policy: Evidence on a Credit Channel [J]. Federal Reserve Bank of Kansas City Economic Review, 1995, 80 (2): 59 – 75.

[156] Myers S C, Majluf N S. Corporate Financing and Investment Decisions When Firms Have Information that Investors do not Have [J]. Journal of Financial Economics, 1984, 13 (2): 187 – 221.

[157] Ochmann R. Asset Demand in the Financial AIDS Portfolio Model-evidence from a Major Tax Reform [J]. Applied Financial Economics, 2013, 23 (8): 649 – 670.

[158] Perri F, Quadrini V. International Recessions [J]. American Economic Review, 2018, 108 (4 – 5): 935 – 984.

[159] Petrosky-Nadeau N, Wasmer E. The Cyclical Volatility of Labor Markets under Frictional Financial Markets [J]. American Economic Journal: Macroeconomics, 2013, 5 (1): 193 – 221.

[160] Poul S. When Environmental Policy is Superfluous: Growth and Polluting Resources [J]. Scandinavian Journal of Economics, 2002, 104

(4): 605 –620.

［161］Quah E, Boon T L. The Economic Cost of Particulate air Pollution on Health in Singapore ［J］. Journal of Asian Economics, 2003, 14 （1）: 73 –90.

［162］Richardsoni B J. The Equator Principles: The Voluntary Approach to Environmentally Sustainable Finance ［J］. European Energy and Environmental Law Review, 2005, 14 （11）: 280 –290.

［163］Safaei J, Cameron N E. Credit Channel and Credit Shocks in Canadian Macrodynamics-a Structural VAR Approach ［J］. Applied Financial Economics, 2003, 13 （4）: 267 –277.

［164］Sassi S, Gasmi A. The Effect of Enterprise and Household Credit on Economic Growth: New Evidence from European Union Countries ［J］. Journal of Macroeconomics, 2014, 39: 226 –231.

［165］Scholtens B, Dam L. Banking on the Equator. Are Banks that Adopted the Equator Principles Different from Non-adopters? ［J］. World Development, 2007, 35 （8）: 1307 –1328.

［166］Serletis A, Shahmoradi A. Flexible Functional Forms Curvature Conditions and the Demand for Assets ［J］. Macroeconomic Dynamics, 2007, 11 （4）: 455 –486.

［167］Serletis A, Feng G. Imposing Theoretical Regularity on Flexible Functional Forms ［J］. Econometric Reviews, 2015, 34 （1 –2）: 30.

［168］Shang Y, Sun Z, Cao J, et al. Systematic Review of Chinese Studies of Short-term Exposure to Air pollution and Daily Mortality ［J］. Environment International, 2013, 54: 100 –111.

［169］Sim N C S. Environmental Keynesian Macroeconomics: Some Further Discussion ［J］. Ecological Economics, 2006, 59 （4）: 401 –405.

［170］Sinn H W. Public Policies Against Global Warming: A Supply Side Approach ［J］. International Tax & Public Finance, 2008, 15 （4）:

360 – 394.

[171] Smith A. The Wealth of Nations: An Inquiry Into the Nature and Causes of the Wealth of Nations [M]. Harriman House Limited, 2010.

[172] Sterner T. Fuel Taxes: An Important Instrument for Climate Policy [J]. Energy Policy, 2007, 35 (6): 3194 – 3202.

[173] Stiglitz J E, Weiss A. Credit Rationing in Markets with Imperfect Information [J]. The American Economic Review, 1981, 71 (3): 393 – 410.

[174] Sun C, Ouyang X. Price and Expenditure Elasticities of Residential Energy Demand During Urbanization: An Empirical Analysis based on the Household-level Survey Data in China [J]. Energy Policy, 2016, 88: 56 – 63.

[175] Syriopoulos T. Risk Aversion and Portfolio Allocation to Mutual Fund Classes [J]. International Review of Economics & Finance, 2002, 11 (4): 427 – 447.

[176] Tang L, Shi J, Yu L, et al. Economic and Environmental Influences of Coal Resource Tax in China: A Dynamic Computable General Equilibrium Approach [J]. Resources, Conservation and Recycling, 2017, 117: 34 – 44.

[177] Theil H. The Information Approach to Demand Analysis [J]. Econometrica, 1965 (33): 67 – 87.

[178] Van der Werf E, Di Maria C. Imperfect Environmental Policy and Polluting Emissions: The Green Paradox and Beyond [J]. International Review of Environmental and Resource Economics, 2012, 6 (2): 153 – 194.

[179] Wang B, Liu L, Huang G H, et al. Effects of Carbon and Environmental Tax on Power Mix Planning-A Case Study of Hebei Province, China [J]. Energy, 2018, 143: 645 – 657.

[180] Wang H, Wheeler D. Financial Incentives and Endogenous Enforcement in China's Pollution Levy System [J]. Journal of Environmental Economics & Management, 2005, 49 (1): 174 – 196.

[181] Wang X, Mauzerall D L. Evaluating Impacts of Air Pollution in China on Public Health: Implications for Future Air Pollution and Energy Policies [J]. Atmospheric Environment, 2006, 40 (9): 1706 – 1721.

[182] Wang Y L, Lee C H, Ko P S. Do Loan Guarantees Alleviate Credit Rationing and Improve Economic Welfare? [J]. Sustainability, 2020, 12 (9): 3922.

[183] White A M. Credit and Human Welfare: Lessons from Microcredit in Developing Nations [J]. Washington and Lee Law Review, 2012, 69 (2): 1093.

[184] Winans B, Humble M C, Lawrence B P. Environmental Toxicants and the Developing Immune System: A Missing Link in the Global Battle Against Infectious Disease? [J]. Reproductive Toxicology, 2011, 31 (3): 327 – 336.

[185] Wright C, Rwabizambuga A. Institutional Pressures, Corporate Reputation, and Voluntary Codes of Conduct: An Examination of the Equator Principles [J]. Business and Society Review, 2006, 111 (1): 89 – 117.

[186] Xu Wenli, Xu Kun, Lu Hongyou. Environmental Policy and China's Macroeconomic Dynamics Under Uncertainty-Based on the NK Model with Distortionary Taxation [Z]. MPRA Paper, 2016.

[187] Zhang Y, Wang S G, Xia Y, et al. Association between Ambient air Pollution and Hospital Emergency Admissions for Respiratory and Cardio-vascular Diseases in Beijing: A Time Series Study [J]. Biomedical and Environmental Sciences, 2015, 28 (5): 352 – 363.

后　记

党的十九届五中全会指出，我国"十四五"时期经济发展要取得新成效，在质量效益明显提升的基础上实现经济持续健康发展，生态文明建设要实现新进步，生产生活方式绿色转型成效显著，主要污染物排放总量持续减少，生态环境持续改善，同时提出要坚持绿水青山就是金山银山理念，坚持尊重自然、顺应自然、保护自然，坚持节约优先、保护优先、自然恢复为主，守住自然生态安全边界。但是，长期以来粗放式的经济发展模式使得目前环境污染问题仍然是制约我国生态文明建设和经济可持续发展不可忽视的重要因素。金融是现代经济的核心，掌握着巨大的资金资源，对推动环境保护、转变发展方式发挥着重要作用。目前，我国建立了全球第一个比较完整的绿色金融政策框架和市场体系，绿色信贷作为我国绿色金融发展最早的产品和手段之一，同时又是我国经济主体的主要融资渠道，在引导资金的绿色配置过程中对经济产出和社会福利产生了怎样的影响？

本书构建 CC-LM-EE 理论分析框架，从理论上证实了绿色信贷能够对产出和福利产生影响，同时，证明了环境规制的变动会对绿色信贷的产出和福利效应产生影响。在理论分析的基础上，基于微观经济主体的行为，本书构建新凯恩斯动态随机一般均衡模型，并运用构建的模型定量测度了价格型和数量型绿色信贷对产出和福利的动态影响，进一步定量测度了不同环境规制、经济结构和生产技术水平下绿色信贷产出和福利效应的变化情况。结果显示，绿色信贷对总产出具有显著的正向影响，同时，价格型绿色信贷在短期内能够带来通货膨胀的压力，而数量型绿色信贷在短期内能够在一定程度上抑制通货膨胀，此外，数值模拟结果显示，两种类型的绿色信贷均具有明显的环境福利效应和健康福利效应。

尽管本书对我国绿色信贷的产出和福利效应进行了深入的理论和实证分析，得到了一些有价值的结论和政策启示，但是绿色信贷作为一项较新的研究领域，还有很多方向值得进一步、系统地研究。针对本书而言，一是进一步放宽理论模型的假设条件，本书在动态随机一般均衡模型中，假设商业银行和中间品厂商处于完全竞争环境中、最终品厂商处于垄断竞争环境中，未来根据实地调研情况对商业银行和厂商部门的研究假设进一步放宽，可能会得到更有意义的结论；二是进一步优化模型参数校准和估计，本书在动态随机一般均衡模型中的部分参数直接参照相关文献进行校准，下一步将展开实际调研收集相关数据，在此基础上，根据实际经济运行数据进行模型参数的校准和估计，进一步提高模型的适用度；三是进一步在动态随机一般均衡框架下将惩罚性绿色信贷和激励性绿色信贷进行数量上的对比分析，增强对实践的指导意义。

本书凝聚了笔者的大量心血和付出，经过多次论证、修改、完善才得以呈现。在此，诚挚感谢在研究中给予精心指导的郭沛教授、何广文教授、臧日宏教授、安毅教授等，也要特别感谢同门师妹欧佳佳、魏微、谢思婷，师弟张洪振、林熙等对本书理论和实证分析的启发和帮助，感谢同窗王雪和仇泸毅对本书撰写过程中提出的宝贵建议。

限于著者水平，本书还存在许多不足之处，真诚希望得到各位专家学者的批评和指导。

刘　丽　何凌云

2021 年 10 月